经典藏书

大学 中庸 鬼谷子

〔战国〕曾子　子思　鬼谷子　著

北方文艺出版社

图书在版编目（CIP）数据

大学　中庸　鬼谷子 /（战国）曾子 子思 鬼谷
子著 . -- 哈尔滨：北方文艺出版社，2019.5（2021.3 重印）
ISBN 978-7-5317-4449-8

Ⅰ．①大… Ⅱ．①戴… ②鬼… Ⅲ．①儒家②纵横家
Ⅳ．① B222.1 ② B228

中国版本图书馆 CIP 数据核字（2018）第 279747 号

大学　中庸　鬼谷子

Daxue Zhongyong Guiguzi

作　者 /［战国］曾子　子思　鬼谷子

责任编辑 / 路　嵩　张贺然　　　　　封面设计 / 费文亮

出版发行 / 北方文艺出版社　　　　　邮　编 / 150008
发行电话 /（0451）86825533　　　　经　销 / 新华书店
地　址 / 哈尔滨市南岗区宣庆小区 1 号楼　网　址 / www.bfwy.com

印　刷 / 三河市南阳印刷有限公司　　开　本 / 880mm×1230mm　1/32
字　数 / 180 千　　　　　　　　　　印　张 / 8.5
版　次 / 2019 年 5 月第 1 版　　　　印　次 / 2021 年 3 月第 2 次印刷

书　号 / ISBN 978-7-5317-4449-8　　定　价 / 29.00 元

目录

大学

中庸

鬼谷子

大学

第一章

朱熹所倡"三纲领"即：明明德、新民、止于至善。其所称"八条目"即：格物、致知、诚意、正心、修身、齐家、治国、平天下。朱熹称此为"经"。《大学》中有系统的纲领、条目，有次有节，提纲挈领，内容具有较强的操作性。《大学》的方向是弘扬社会中光明正大的德行，为世人确立道德范本。

大学之道[1]，在明明德[2]，在亲民[3]，在止于至善。知止而后有定[4]，定而后能静，静而后能安，安而后能虑，虑而后能得。物有本末[5]，事有终始。知所先后，则近道矣。

【注释】

[1]大学：相对于蒙学而言的"大人之学"。

[2]明明德：弘扬光明正大的德行。

[3]亲民："亲"作"新"解，即革新、自新。新民，使人弃恶向善。

〔4〕知止：知道目的地。

〔5〕本末：根本与末枝

【译文】

大学的根本目的是要弘扬光明正大的德行，使人弃恶向善，使人的道德达到完美的境界。知道要达到的境界才能意志坚定，意志坚定才能够沉稳，沉稳才能够心神安定，心神安定才能够智虑周详，智虑周详才能够有所收获。每样东西都有根本有末枝，每件事情都有开始有终结。知道了这本末始终的程序，就接近事物发展的规律了。

古之欲明明德于天下者，先治其国；欲治其国者，先齐其家〔1〕；欲齐其家者，先修其身〔2〕；欲修其身者，先正其心；欲正其心者，先诚其意；欲诚其意者，先致其知〔3〕；致知在格物〔4〕。

【注释】

〔1〕齐其家：治理好家族。

〔2〕修其身：修养自身的品德。

〔3〕致其知：获得知识。

〔4〕格物：认知事物的发展规律。

【译文】

古代那些想要在天下弘扬光明正大品德的人，先要治理好自己的国家；想要治理好自己的国家，先要管理好家族；想要管理好家族，先要修养自身的品德；想要修养自身的品德，先要端正自己的心思；想要端正自己的心思，先要使自己的意念真诚；想要使自己的意念真诚，先要使自己掌握知识；获得知识就要通过实践来认知万物的道理。

物格而后知至，知至而后意诚，意诚而后心正，心正而后身修，身修而后家齐，家齐而后国治，国治而后天下平。

【译文】

对事物的客观规律有了认识之后，才能获得知识；获得知识后，意念才能真诚；意念真诚后，思虑才能端正；思虑端正后，品德才能得到修养提高；品德提高后，才能管理家族的事务；管理好家族事务后，才能治理好国家；治理好国家后，天下才能太平。

自天子以至于庶人[1]，壹是皆以修身为本[2]。其本乱，而末治者否矣。其所厚者薄，而其所薄者厚[3]，未之有也[4]。

【注释】

[1] 庶人：指百姓。

[2] 壹是：都是。

[3] 薄者厚：不该重视的反加以重视。

[4] 未之有也：没有这样的道理。

【译文】

上自国家元首，下至平民百姓，人人都要以修养品性为根本。若这个根本被扰乱了，家族、国家、天下要治理好是不可能的。如果不分轻重缓急，本末倒置，还想要把家族、国家都治理好，这也是从来没有的事。

第二章

这是"传"的第一章，对"经"当中"大学之道，在明明德"一句进行引证发挥，旧本此段文字在《诚意章》"此以没世不忘"句下，程颐、朱熹等移于此，和"明明德"正好相对应，很有道理。强调"在明明德"，就是以弘扬人性中光明正大的品德为目的。

《康诰》曰："克明德[1]。"《大甲》曰："顾諟天之明命[2]。"《帝典》曰[3]："克明峻德[4]。"皆自明也。

【注释】

[1]克：能够。

[2]諟：是。

[3]《帝典》：即《尧典》，《尚书·虞书》中的一篇。

[4]克明峻德：崇高的德行。

【译文】

《康诰》说："能够弘扬光明的品德。"《太甲》说："念念不忘这上天赋予的光明禀性。"《尧典》说："能够弘扬崇高的品德。"这些都是说要自己弘扬光明的品德。

第三章

"明明德"是从静态要求弘扬人性中光明正大的品德，而"苟日新，日日新，又日新"则是从动态的角度来强调不断革新，加强思想意识变革。

汤之《盘铭》曰[1]："苟日新[2]，日日新，又日新。"《康诰》曰："作新民[3]。"《诗》曰："周虽旧邦，其命惟新[4]。"是故君子无所不用其极[5]。

【注释】

[1] 汤：即成汤，商朝的开国君主。

[2] 新：指道德上焕发新的面貌。

[3] 作：振作，激励。

[4] 其命：指周朝所禀受的天命。

[5] 是故：所以。

【译文】

成汤刻在澡盆上的箴言说："如果能够做到一天新，

就应保持天天新，不停地更新。"《尚书·康诰》说："激励人们焕发新的面貌。"《诗经》说："周朝虽然是旧的国家，但却禀受了新的天命。"所以，有品德的人一直在追求最完善的道德境界。

第四章

这一段旨在诠释"在止于至善"的经义。首先在于"知其所止",即知道你应该停在什么地方,其次才谈得上"止于至善"的问题。从物各有当止之处,到人有当止之处,再到圣人当止之处,所有当止之处,都应是至善。"知其所止",也就是知道自己应该"止"的地方,找准自己的位置。

《诗》云:"邦畿千里[1],惟民所止[2]。"《诗》云:"缗蛮黄鸟[3],止于丘隅[4]。"子曰:"于止[5],知其所止,可以人而不如鸟乎[6]!"《诗》云:"穆穆文王[7],於缉熙敬止[8]!"为人君,止于仁;为人臣,止于敬;为人子,止于孝;为人父,止于慈;与国人交,止于信。

【注释】

[1]邦畿(jī):天子都城及其周围的郊区。

[2]止:居住的地方。

[3]缗(mín)蛮:鸟鸣声。

［4］丘隅：山丘的一个角落。

［5］于止：对于居住的地方。

［6］可以：何以，为什么。

［7］穆穆：仪表美好端庄的样子。

［8］於（wū）：叹美词。缉：继续。

【译文】

　　《诗经》说："京城及其周围，都是老百姓向往的地方。"《诗经·小雅·绵蛮》说："绵绵蛮蛮叫着的黄鸟，栖息在山丘的一角。"孔子说："就居止的地方来说，连黄鸟都知道它该栖息在什么地方，怎么人却不如鸟儿呢？"《诗经》说："品德高尚的文王啊，为人光明磊落，做事始终庄重谨慎。"做国君的，要做到仁爱；做臣子的，要做到恭敬；做子女的，要做到孝顺；做父亲的，要做到慈爱；与他人交往，要诚实守信。

　　《诗》云："瞻彼淇澳［1］，菉竹猗猗［2］。有斐君子［3］，如切如磋［4］，如琢如磨［5］。瑟兮僴兮［6］，赫兮喧兮［7］。有斐君子，终不可谊兮！"如切如磋者，道学也；如琢如磨者，自修也；瑟兮僴兮者，恂慄也［8］；赫兮喧兮者，威仪也；有斐君子，终不可兮者，道盛德至善，民之不能忘也。

【注释】

[1] 澳（yù）：水边。

[2] 菉：通"绿"。猗猗（yī）：美丽茂盛的样子。

[3] 斐：文质彬彬的样子。

[4] 如切如磋：如同对骨角进行切割磋光一样。

[5] 如琢如磨：如同对玉石进行雕琢打磨一样。

[6] 僴（xiàn）：宽大。

[7] 赫兮喧兮：光明煊赫的样子。

[8] 恂慄（xúnlì）：戒惧的样子。

【译文】

《诗经》说："看那淇水的岸边，嫩绿的竹子郁郁葱葱。有一位文质彬彬的君子，研究学问如加工骨器；修炼自己如打磨美玉。他庄重而开朗，仪表堂堂。这样一个文质彬彬的君子，真是令人难以忘怀啊！"这里所说的"如加工骨器"，是指做学问的态度；这里所说的"如打磨美玉"，是指自我修炼的精神；说他"严谨宽大"，是指他内心谨慎而有所戒惧；说他"光明煊赫"，是指他仪表堂堂；说"这样一个文质彬彬的君子，真是令人难以忘怀啊"，是指由于他高尚的品德，达到了最美的境界，使人不能忘怀。

《诗》云："於戏[1]！前王不忘[2]。"君子贤其贤而亲其亲，小人乐其乐而利其利，此以没世不忘也[3]。

【注释】

[1]於戏：同"呜呼"，叹词。

[2]前王：指周文王、周武王。

[3]此以：因此。没世：去世。

【译文】

《诗经》说："啊，前代的君王真使人难忘啊！"尊重贤人，亲近亲族，百姓也都蒙受恩泽，享受安乐，获得利益。所以，虽然前代君王已经去世，但人们一直怀念他们。

第五章

此章为"传之四章，释知本"。此章中引用孔子的话，说明只要有光明正大的崇高德行，人民自然会畏惧，狱讼不用听断就没有了。

子曰[1]："听讼[2]，吾犹人也[3]，必也使无讼乎！"无情者不得尽其辞[4]。大畏民志[5]，此谓知本[6]。

【注释】

[1] 子：指孔子。

[2] 听讼：审案。

[3] 犹人：和其他人一样。

[4] 不得尽其辞：使隐瞒真实情况的人不能够花言巧语。

[5] 民志：民心，人心。

[6] 知本：知道本末次序。

【译文】

孔子说："审理案子，我也和其他人一样，目的在于使诉讼不再发生。"圣人使隐瞒真实情况的人不敢狡辩。使人心畏服，这就是知道根本。

第六章

　　朱熹称此章为"传之五章，释格物致知之义"。这一章的原文只有"此谓知本。此谓知之至也"两句。朱熹认为，"此谓知本"一句是上一章的衍文，"此谓知之至也"一句前面又缺了一段文字。所以，朱熹根据上下文关系补充了一段文字，这里所选的，就是朱熹补充的文字。朱熹很重视激发内心中原有的道德意识。

　　（此谓知本。）

　　所谓致知在格物者，言欲致吾之知，在即物而穷其理也。盖人心之灵莫不有知，而天下之物莫不有理，惟于理有未穷，故其知有不尽也。是以《大学》始教，必使学者即凡天下之物，莫不因其已知之理而益穷之，以求至乎其极。至于用力之久，而一旦豁然贯通焉，则众物之表里精粗无不到，而吾心之全体大用无不明矣。此谓物格[1]。此谓知之至也。

【注释】

[1]"所谓致知在格物者"至"此谓物格"为朱熹补传。

【译文】

获得知识的途径在于认识、研究万事万物。要想获得知识，就必须接触事物而彻底研究它的原理。人的心都是有灵性的，都具有认知能力，而天下事物都有一定的道理，只不过因为这些道理还没有被彻底认识，所以使人的知识很有限。因此，《大学》一开始就教人接触天下万事万物，用自己已有的知识去进一步探究，以彻底认识万事万物的道理。用功久了，总有一天会豁然通达。到那时，事物的里外精粗没有不被认识清楚的，而自己内心的一切道理都得到梳理，再也没有闭塞。这样的境界才是知识达到了顶点。

第七章

本章朱熹称之"传之六章，释诚意"。做到真诚很重要，最考验人的一课便是"慎其独"——在一个人独处的时候也谨慎。人前真诚，人后也真诚，这正是《大学》提出的要求。宋明以后的思想家都讨论它，有的人还以它为学术宗旨。由此可见，真诚做人，乃立身之本。

所谓诚其意者[1]：毋自欺也[2]。如恶恶臭，如好好色，此之谓自谦[3]。故君子必慎其独也！小人闲居为不善[4]，无所不至，见君子而后厌然[5]，掩其不善，而著其善[6]。人之视己，如见其肺肝然，则何益矣。此谓诚于中[7]，形于外，故君子必慎其独也。曾子曰："十目所视，十手所指，其严乎！"富润屋，德润身，心广体胖[8]。故君子必诚其意。

【注释】

[1] 诚其意者：使意念真诚。

[2] 毋：不要。

［3］谦：通"慊（qiè）"，满足。

［4］闲居：即独处。

［5］厌然：掩藏、躲闪的样子。

［6］著：显示。

［7］中：指内心。

［8］心广体胖（pán）：心胸宽广，身体舒泰安康。

【译文】

使意念真诚的意思是说，不要自己欺骗自己。要像厌恶腐臭的气味一样，要像喜爱美丽的女人一样，一切都发自内心。所以，君子哪怕是在一个人独处的时候，也一定要戒慎。小人在平时为非作歹，做尽坏事，及至见到君子便遮遮掩掩，掩盖自己的过错，而显露其善良的一面。要知道，别人看自己，就像看见自己的心肺肝脏的样子，掩盖有什么好处呢？这就是说内心的真实总要表现到外面的，所以，君子哪怕是在一个人独处的时候，也一定要戒慎。曾子说："十只眼睛看着，十只手指着，这难道不令人畏惧吗？"财富能装饰房屋，道德可以清净身心，心胸宽广身体自然舒泰。所以，品德高尚的人一定要使自己的意念真诚。

第八章

朱熹称之为"传之七章，释正心修身"。正心是诚意之后的进修阶梯。正心有许多方面，如理想、气质、认知、情感等都属于心的范围，但这里特别突出情感和认知，愤怒会使人偏激，恐惧会使人胆怯，过分的喜好会使人偏离正道，不端正这些情志，思维不够专一，那就无法认知事物了。

所谓修身在正其心者，身有所忿懥[1]，则不得其正；有所恐惧，则不得其正；有所好乐，则不得其正；有所忧患，则不得其正。心不在焉，视而不见，听而不闻，食而不知其味。此谓修身在正其心。

【注释】

[1] 忿懥（zhì）：愤怒。

【译文】

之所以说修养自身的品性要先端正自己的心思，是因为心有愤怒就不能够端正；有恐惧、喜好、忧虑就不能使心态端正。心思被错误的念头所困扰，就会心不在焉：虽然在看，但却看不清晰；虽然在听，但却像没有听见一样；虽然在吃东西，但却不知道食物滋味。所以说，要修养自身的品性就要先端正自己的心思。

第九章

朱熹称此章为"传之八章，释修身齐家"。在此之前的格物。致知、诚意、正心都在个体自身进行，在此之后的齐家、治国、平天下开始处理人与人之间的关系，从家族走向社会，从独善其身转向兼善天下。修养、提高自身的品德，处理好家族事务，自古以来都是极为重要的成长步骤。

所谓齐其家在修其身者，人之其所亲爱而辟焉[1]，之其所贱恶而辟焉，之其所畏敬而辟焉，之其所哀矜而辟焉[2]，之其所敖惰而辟焉[3]。故好而知其恶[4]，恶而知其美者，天下鲜矣！故谚有之曰[5]："人莫知其子之恶，莫知其苗之硕。"此谓身不修不可以齐其家。

【注释】

[1] 辟：偏向。

[2] 哀矜：同情。

[3] 敖：通"傲"，骄傲。

［4］好（hào）：喜好。

［5］谚：俗语。

【译文】

　　之所以说管理好家族要先修养自身，是因为人们对于自己亲爱的人会有偏爱；对于自己厌恶的人会有偏恨；对于自己敬畏的人会有偏向；对于自己同情的人会有偏心；对于自己轻视的人会有偏见。因此，喜爱某人同时又知道那人的缺点，厌恶某人同时又知道那人的优点，这种人天下很少见了。所以俗话有这样说法："人都不知道自己孩子的坏，人都不满足自己庄稼的好。"这就是不修养自身就不能治好自家的道理。

第十章

朱熹称此章为"传之九章，释齐家治国"。在以家族为中心的宗法制社会时代，家是一个小小的王国，家长就是它的国王；国是一个大大的家，国王就是它的家长。所以管理好整个家族是个大问题。要处理好家族繁杂的事务，就要树立正确的道德观念。作为社会细胞的各个家族关系合睦，整个社会秩序也自然变得有条理了。

所谓治国必先齐其家者，其家不可教而能教人者，无之。故君子不出家而成教于国。孝者，所以事君也；弟者[1]，所以事长也；慈者[2]，所以使众也。《康诰》曰："如保赤子[3]。"心诚求之，虽不中不远矣。未有学养子而后嫁者也。一家仁，一国兴仁；一家让，一国兴让；一人贪戾[4]，一国作乱。其机如此[5]。此谓一言偾事[6]，一人定国。尧、舜帅天下以仁，而民从之；桀纣帅天下以暴，而民从之。其所令反其所好，而民不从。是故君子有诸己而后求诸人，无诸己而后非诸人。

所藏乎身不恕，而能喻诸人者^[7]，未之有也。故治国在齐其家。

【注释】

［1］弟：同"悌"，指弟弟尊重兄长。

［2］慈：父母爱子女。

［3］如保赤子：保护平民百姓如母亲养护婴儿一样。

［4］贪戾：贪婪，暴戾。

［5］机：本指弩箭上的发动机关，引申为关键。

［6］偾（fèn）：败，坏。

［7］喻：使别人明白

【译文】

之所以说治理国家必须先管理好家族，是因为不能管理好家人而能管理好别人的人是没有的。所以，有修养的人不出家门就能完成对整个国家的教育。孝顺父母，可以用于侍奉君主；恭敬兄长，可以用于侍奉尊长；慈爱子女，可以用于对待民众。《康诰》说："如同爱护婴儿一样。"内心真有这种仁爱的追求，即使达不到目标，也不会相差太远。要知道，没有谁先学会了养护孩子再去嫁人的啊！一家仁爱，一国也会兴起仁爱；一家礼让，一国也会兴起礼让；一人贪婪暴戾，一国就会犯上作乱。其关联如此紧密。这就叫做：一句话可以败坏大事，一个人可以安定国家。尧舜用仁爱统治天下，老百姓就跟随着仁爱；桀纣用凶暴统治天下，老百姓就跟随着凶暴。国君的命令与自己的实际做法相反，老百姓是不会依从的。所以，品德高尚的君子，总是自己先做到，然后才要求别人做到；自己先不这样做，然后才要求别人不这样做。不采取这种推己及人的恕道而想让别人按自己的意思去做，那是不可能的。所以说，君主要治理好国家必须先治理好自己的家族。

《诗》云[1]："桃之夭夭[2]，其叶蓁蓁[3]。之子于归[4]，宜其家人。"宜其家人，而后可以教国人。《诗》云："宜兄宜弟。"宜兄宜弟，而后可以教国人。《诗》云："其仪不忒[5]，正是四国[6]。"其为父子兄弟足法，而后民法之也。此谓治国在齐其家。

【注释】

[1]《诗》云：此指《诗经·周南·桃夭》。

[2]夭夭（yāo）：鲜嫩，美丽。

[3]蓁蓁（zhēn）：茂盛的样子。

[4]于归：指女子出嫁。

[5]仪：仪表，仪容。

[6]正是：做正面榜样。

【译文】

《诗经》说："桃花鲜美，树叶茂密，这个姑娘出嫁了会让全家人都和睦。"让家人都和睦，然后才能教育一国的人都和睦。《诗经》说："兄弟和睦。"兄弟和睦了，然后才能教育一国的人都和睦。《诗经》说："容貌举止庄重严肃，成为四方国家的表率。"只有当一个人无论是作为父亲、儿子，还是兄长、弟弟都值得人效法时，老百姓才会去效法他。所以要治理国家必须先治理好家族的道理。

第十一章

朱熹称本章为"传之十章，释治国平天下"。全章在阐释"平天下在治其国"的主题下，具体展开了如下几方面的内容，一、君子有絜矩之道。二、民心的重要性。三、德行的重要性。四、用人的问题。五、利与义的问题：国不以利为利，以义为利。为了阐述"利"与"义"的关系问题，《大学》提出了"生财有大道""德本财末"的观点来指导世人。这一章收束《大学》全篇，内容丰富，包含了儒学的不少重要思想。我们将会看到，这些思想在《中庸》《论语》《孟子》等儒家经典中还有反复的论述和展开。

所谓平天下在治其国者，上老老而民兴孝[1]；上长长而民兴弟[2]；上恤孤而民不倍[3]。是以君子有絜矩之道也[4]。所恶于上，毋以使下；所恶于下，毋以事上；所恶于前，毋以先后；所恶于后，毋以从前；所恶于右，毋以交于左；所恶于左，毋以交于右。此之谓絜矩之道。

【注释】

[1] 老老：尊敬老人。

[2] 长长：尊敬长辈。

[3] 恤：体恤，周济。

[4] 絜（xié）矩之道：指一言一行要有示范作用。

【译文】

所谓平定天下在于先治理好自己的国家，是因为如果在上位的人尊敬老人，老百姓就会孝顺自己的父母；如果在上位的人尊重长辈，老百姓就会尊重自己的兄长；如果在上位的人怜恤孤幼，老百姓也会同样跟着去做。所以，君子总是实行以身作则，推己及人的"絜矩之道"。我若厌恶处上位人的行为，就不用这种行为对待处于下位的人；我若厌恶处下位的人的行为，就不用这种行为对待处于上位的人；我若厌恶前面人的做法，就不用它对待后面的人；我若厌恶后面的人的做法，就不用它对待前面的人；我若厌恶右边人的做法，就不用它对待左边人；我若厌恶左边人的做法，就不用它对待右边人。这就是推己及人的"絜矩之道"。

《诗》云："乐只君子[1]，民之父母。"民之所好好之，民之所恶恶之，此之谓民之父母。《诗》云："节彼南山[2]，维石岩岩[3]。赫赫师尹，民具尔瞻[4]。"有国者不可以不慎，辟则为天下僇矣[5]。《诗》云："殷之未丧师[6]，克配上帝[7]。仪监于殷[8]，峻命不易[9]。"道得众则得国，失众则失国。是故君子先慎乎德。有德此有人，有人此有土，有土此有财，有财此有用。德者，本也；财者，末也。外本内末，争民施夺[10]。是故财聚则民散，财散则民聚。是故言悖而出者，亦悖而入[11]；货悖而入者，亦悖而出。

【注释】

[1] 乐：快乐，喜悦。

[2] 节：高大。

[3] 岩岩：险峻的样子。

[4] 具：通"俱"，都。

[5] 辟（pì）：偏私，邪僻。僇（lù）：通"戮"，杀戮。

[6] 丧师：失去民众。

[7] 克配：能够配合。

[8] 仪：宜。

[9] 峻命：大命。

[10] 争民：与民争利。施夺：施行劫夺。

[11] 悖：逆。

【译文】

《诗经》说："使人心悦诚服的国君啊，是老百姓的父母。"老百姓喜欢的他也喜欢，老百姓厌恶的他也厌恶，这样的国君就可以说是老百姓的父母了。《诗经》说："巍峨的南山啊，岩石耸立。显赫的尹太师啊，百姓都仰望你。"统治国家的人不可不谨慎。稍有偏颇，就会被天下人推翻。《诗经》说："殷朝没有丧失民心的时候，还是能够与上天的要求相符的。请用殷朝作个鉴戒吧，守住天命并不是一件容易的事。"这就是说，得到民心就能得到国家，失去民心就会失去国家。

所以君子要注重修养德行。有道德才会受到拥护，受到拥护才会有土地，有土地才会有财富，有财富才能供使用。德行是根本，财富是末节。如果重末节轻根本，会与民争利。所以君王聚财，民心就散了，君王财散，民心就聚拢了。正如说话悖逆道理，就会有悖逆道理的话回报；财富悖逆情理而来，也会悖逆情理而去。

《康诰》曰："惟命不于常[1]。"道善则得之，不善则失之矣。《楚书》曰："楚国无以为宝，惟善以为宝。"舅犯曰："亡人无以为宝[2]，仁亲以为宝。"《秦誓》曰："若有一个臣，断断兮无他技[3]，其心休休焉[4]，其如有容焉[5]。人之有技，若己有之。人之彦圣[6]，其心好之，不啻若自其口出[7]，实能容之。以能保我子孙黎民，尚亦有利哉！人之有技，媢疾以恶之[8]；人之彦圣，而违之俾不通[9]，实不能容。以不能保我子孙黎民，亦曰殆哉！"唯仁人放流之，迸诸四夷，不与同中国。此谓唯仁人为能爱人，能恶人。见贤而不能举，举而不能先，命也。见不善而不能退，退而不能远，过也。好人之所恶，恶人之所好，是谓拂人之性[10]，灾必逮夫身。

【注释】

[1]命：天命。

[2]亡人：流亡的人，指重耳。

[3]断断：真诚的样子。

[4]休休：宽宏大量。

[5]有容：能够容人。

[6]彦圣：德才兼备。

[7]不啻（chì）：不但。

[8]媢（mào）疾：妒嫉。

[9]俾（bǐ）：使。

[10]拂：逆，违背。

【译文】

《康浩》说："天命是不会始终如一的。"这就是说，行善便会得到天命，不行善便会失去天命。《楚书》说："楚国没有什么是宝，只是把善当作宝。"舅犯说："流亡在外的人没有什么是宝，只是把仁爱当作宝。"《秦誓》说："如果有这样一位大臣，忠诚老实，虽然没有什么特别的本领，但他心胸宽广，有容人的肚量，别人有本领，就如同他自己有一样；别人德才兼备，他心悦诚服，不只是在口头上表示，而是发自内心地赞赏。用这种人，是可以保护我的子孙和百姓的，是可以为他们造福的啊。相反，如果别人有本领，他就妒嫉、厌恶；别人德才兼备，他便想方设法压制，排挤，无论如何容忍不得。用这种人，不仅不能保护我的子孙和百姓，而且可以说是危险得很。"因此，有仁德的人会把这种容不得人的人流放，把他们驱逐到边远的四夷之地去，不让他们同住在国中。这说明，有德的人爱憎分明，发现贤才而不能选拔，选拔了而不能重用，这是轻慢；发现恶人而不能罢免，罢免了而不能把他驱逐得远远的，这是过错。喜欢众人所厌恶的，厌恶众人所喜欢的，这是违背人的本性，灾难必定要落到自己身上。

是故君子有大道：必忠信以得之，骄泰以失之[1]。生财有大道：生之者众，食之者寡，为之者疾[2]，用之者舒[3]，则财恒足矣。仁者以财发身[4]，不仁者以身发财。未有上好仁而下不好义者也，未有好义其事不终者也，未有府库财非其财者也。孟献子曰[5]："畜马乘不察于鸡豚[6]，伐冰之家[7]，不畜牛羊；百乘之家[8]，不畜聚敛之臣[9]。与其有聚敛之臣，宁有盗臣[10]。"此谓国不以利为利，以义为利也。长国家而务财用者，必自小人矣。彼为善之，小人之使为国家，灾害并至。虽有善者，亦无如之何矣！此谓国不以利为利，以义为利也。

【注释】

　　[1]骄泰：骄横放纵。

　　[2]疾：快，迅速。

　　[3]舒：舒缓。

　　[4]发身：修身。

　　[5]孟献子：鲁国大夫，姓仲孙，名蔑。

　　[6]乘（shèng）：用四匹马拉的车。

　　[7]伐冰之家：指丧祭时能用冰的人家，即卿大夫之家。

　　[8]百乘之家：拥有一百辆车的人家，指诸侯王。

　　[9]聚敛之臣：搜刮钱财的家臣。

　　[10]盗臣：有盗窃自家府库财物行为的家臣。

【译文】

所以国君要有大道：遵循诚信义，以得天下；如果骄奢放纵，那么就会失去天下。创造财富也有正确的途径；生产的人多，消费的人少；生产的人勤奋，消费的人节省。这样，财富便会经常充足。仁爱的人仗义疏财以修养自身的德行，不仁的人不惜以生命为代价去敛钱发财。没有在上位的人喜爱仁德，而在下位的人却不喜爱忠义的；没有喜爱忠义而做事却半途而废的；没有国库里的财物不是属于国君的。孟献子说："具备马匹车辆的士大夫之家，就不该再去计较养鸡养猪的小利；祭祀能够用冰的卿大夫家，就不要再去养牛养羊牟利；拥有百辆兵车的诸侯之家，就不要去收养搜刮民财的家臣。与其有搜刮民财的家臣，还不如有偷盗自家府库的家臣。"这意思是说，一个国家不应该以钱财为利益，而应该以道义为利益。做了国君却还一心想着聚敛财货，这必然是有小人在诱导。而那国君还以为这些小人是好人，让他们去处理国家大事，结果是天灾人祸一齐降临。这时虽有贤能的人，却也没有办法挽救了。所以，一个国家不应该以钱财为利益，而应该以道义为利益。

附录　朱熹《大学章句序》

《大学》之书，古之大学所以教人之法也。盖自天降生民，则既莫不与之以仁义礼智之性矣。然其气质之禀或不能齐，是以不能皆有以知其性之所有而全之也。一有聪明睿智能尽其性者出于其间，则天必命之以为亿兆之君师，使之治而教之，以复其性。此伏羲、神农、黄帝、尧、舜，所以继天立极，而司徒之职、典乐之官所由设也。

三代之隆，其法浸备，然后王宫、国都以及闾巷，莫不有学。人生八岁，则自王公以下，至于庶人之子弟，皆入小学，而教之以洒扫、应对、进退之节，礼乐、射御、书数之文；及其十有五年，则自天子之元子、众子，以至公、卿、大夫、元士之適子，与凡民之俊秀，皆入大学，而教之以穷理、正心、修己、治人之道。此又学校之教、大小之节所以分也。

夫以学校之设，其广如此，教之之术，其次第节目之详又如此，而其所以为教，则又皆本之人君躬行心得之余，不待求之民生日用彝伦之外，是以当世之人无不学。其学焉者，无不有以知其性分之所固有，职分之所当为，而各俛焉以尽其力。此古昔盛时所以治隆于上，俗美于下，而非后世之所能及也！

及周之衰，贤圣之君不作，学校之政不修，教化陵夷，风俗颓败，时则有若孔子之圣，而不得君师之位以行其政教，于是独取先王之法，诵而传之，以诏后世。若《曲礼》《少仪》《内则》《弟子职》诸篇，固小学之支流余裔，而此篇者，则因小学之成功，以著大学之明法，外有以极其规模之大，而内有以尽其节目之详者也。三千之徒，盖莫不闻其说，而曾氏之传独得其宗，于是作为传义，以发其意。及孟子没而其传泯焉，则其书虽存，而知者鲜矣！

自是以来，俗儒记诵词章之习，其功倍于小学而无用；异端虚无寂灭之教，其高过于大学而无实。其他权谋术数，一切以就功名之说，与夫百家众技之流，所以惑世诬民、充塞仁义者，又纷然杂出乎其间。使其君子不幸而不得闻大道之要，其小人不幸而不得蒙至治之泽，晦盲否塞，反覆沉痼，以及五季之衰，而坏乱极矣！

天运循环，无往不复。宋德隆盛，治教休明。于是河南程氏两夫子出，而有以接乎孟氏之传。实始尊信此篇而表章之，既又为之次其简编，发其归趣，然后古者大学教人之法、圣经贤传之指，粲然复明于世。虽以熹之不敏，亦幸私淑而与有闻焉。顾其为书犹颇放失，是以忘其固陋，采而辑之，间亦窃附己意，补其阙略，以俟后之君子。极知僭逾，无所逃罪，然于国家化民成俗之意、学者修己治人之方，则未必无小补云。

淳熙己酉二月甲子，新安朱熹序

【译文】

《大学》这部书，是古代大学教学的法则。自从上天降生人类以来，就没有不赋予每一个人以仁、义、礼、智的本性的。然而人禀赋的气质存在差别，所以不能够全部知道并保有天所给予人的全部本性。如果有聪明智慧并能把最初本性发挥到极致的人，出于民众之间，则天必命他为广大民众的君主、师长，使其治理和教育人民，以恢复人民最初的善良本性。这就是伏羲、神农、黄帝、尧、舜之所以承受天命为人民的君师和榜样的原由，也是教育人民的官职之所以设立的理由。

在夏、商、周三代兴隆时，学校设施及教学方法渐渐完备，王宫、国都和闾巷都有学校。人到了八岁，都要进入小学学习。小学教学的内容是：待人接物的礼节、礼乐和算术等文化知识，同时进行骑射等体育锻炼。待孩子长到十五岁，从可继承君位的太子、及君主其他儿子，以及公侯、卿相、大臣、官员之正妻所生的儿子，与老百姓中的优秀子弟，都进入大学。而教学的内容则是使受教者懂得探寻身心的道理，掌握正心、修己、治人之道。这样的学校教育，使大学、小学的教学内容和目的是划分得清楚明白的。

学校的设立，内容是如此的广泛，教学的次序和内容是如此详细分明，而其为教的内容，都是人君亲身经历的经验和心得，不追求人民日常生活和伦理知识之外的奇思妙想。这样，当世之人没有不学习的。这些学习的人，没有不知道人的本性所固有的，也没有不明白自己的职分所当为的，这样个人就会努力去尽自己的力量。这就是古代兴盛时，政治修明于上，民风淳朴于下，而后世赶不上的原因。

到周朝衰落后，君王不作贤圣之君，不推行上述学校的教学体制。当时即使有孔子这样的圣人，也得不到君师的地位，来推行他的政治教化学说。于是他就开设私人学校，仿效先王之法，招收弟子习读《诗》《书》和历史文献，把先王之道传授弟子，再由弟子传教后人。像《曲礼》《少仪》《内则》《弟子职》等篇，都是小学的内容遗留。而这一篇《大学》，是在小学学成的基础上，讲明大学教学内容和方法，既展现儒家学说、理论体系的规模框架之大，而内容又条理分明、节次详细。孔子的三千多学生，都听过孔子的讲说，只有曾子明白其中的真义，于是写成传文，以发扬孔子本意。到孟子死后，《大学》的传统消失了，《大学》这部书虽然存在，但明了其真意的人太少了。

从这以后，普通学者诵读记忆词句文章，所下的功夫数倍于小学但没有用；异端虚无寂灭之教，其高过于大学而无实；其他权谋术数，一切以功名利禄为目的的说教，以及百家众技之流，这些蛊惑人心、阻塞仁义的东西，又纷然杂出并流行于世，使在上位的人不幸而不得闻大道的要旨，使平民百姓不幸而不得政治修明的恩泽，昏暗不明，政教不行，痼疾反复积累，到五代十国衰败之时，坏乱到了极点。

天运循环，无往不复。宋德隆盛，治教修明。于是出了河南程氏两位先生，继承孟子的传统，开始尊信和表彰此篇，又将传下来的古书重新编辑，发其真义，然后古代大学教人之法，圣经贤传之宗旨，粲然复明于世。虽然我不够聪明敏捷，但也有幸从我老师那里听说了程氏两先生的学说。只是程氏两先生的书不少已经流失，于是不顾我自己的固陋，将程书重新整理，章句之中也加入了我自己的一些见解，还补充了一些省略的地方，这些都等待以后的学者纠正。等待以后的学者纠正。自知超越极其失礼，没办法逃脱罪责，然于国家化民成俗之意，学者修己治人之方，则未必没有帮助。

淳熙己酉二月甲子，新安朱熹序

第一章

第一章先讲天命，特指个人的禀赋，因为每个人的禀赋是自然形成的，因此这里是指包含道德内容的性。如果每个人都遵守各自的性，那么在日常生活中，什么该做，什么不该做，就有了常规，就是所谓的道。从道入手，修饰品行节操，就是教化。因此要求人们自觉加强道德，谨慎地修养自己。

个人修养尤其提出"中和"这一概念，引入主题。儒学的重要范畴之一就是"中和"，理解因人而异。本章从情的角度切入，对中和做出基本的阐述。

本章总领全篇，后续十章，基本都围绕本章内容展开。

天命之谓性[1]，率性之谓道[2]，修道之谓教[3]。道也者，不可须臾离也，可离非道也。是故君子戒慎乎其所不睹，恐惧乎其所不闻[4]。莫见乎隐，莫显乎微，故君子慎其独也[5]。喜怒哀乐之未发，谓之中[6]；发而皆中节[7]，谓之和[8]。中也者，天下之大本也；和也者，天下之达道也。致中和，天地位焉[9]，万物育焉。

【注释】

[1] 命：赋予。性：人性。

[2] 率：遵循。

[3] 修：节制。教：教化。

[4] 不闻：听不到的事情。

[5] 独：独处。

[6] 中：不偏不倚的状态。

[7] 中节：指符合法度。

[8] 和：和谐。

[9] 位：位置。

【译文】

　　人的自然禀赋称之为"性"，顺着本性行事称之为"道"，而按照"道"的原则修养叫"教"。"道"片刻都不可以离开，一旦离开，那就不是"道"了。所以，品德高尚的人无论在是否有人看见的地方都很谨慎，无论在是否有人听见的地方都是很戒惧。越隐蔽的地方越明显，越细微的地方越显著。所以，品德高尚的人在独处时很谨慎。喜怒哀乐没有表现出来时，叫"中"；表现出来符合节度，叫"和"。"中"，是每个人都有的本性；"和"，是每个人必须遵循的原则。一旦达到"中和"的境界，天地便各就其位，万物便繁育繁育生长。

第二章

本章提出了"时中"的概念。"中无定体，随时而在"，就是说中始终处于变动的状态，这就需要随时处中。"时中"和"在中"是两种不同的状态，区别只是有已发、未发之别。君子有此德行，又能随时保持处中，所以能体现中庸。小人肆意妄为，自然会走极端，与中庸背道而驰。

仲尼曰："君子中庸[1]，小人反中庸。君子之中庸也，君子而时中[2]；小人之中庸也，小人而无忌惮也[3]。"

【注释】

[1]中庸：儒家的最高道德标准。

[2]时中：随时而处中。

[3]忌惮：顾忌、畏惧。

【译文】

孔子说："君子能保持中庸，小人违背中庸。君子之所以能保持中庸，是因为君子能随时做到适度，无过无不及；小人之所以违背中庸，是因为小人无所顾忌，专走极端。”

第三章

　　正因为中庸是最高的德行，是最高的道德标准，所以很难做到。不偏不倚，在两端中寻找适合点，在动静中做到适度，这对个人的要求极高。

　　子曰："中庸其至矣乎[1]！民鲜能久矣[2]！"

【注释】

　　[1] 至：至高，极致。

　　[2] 鲜（xiǎn）：少，不多。

【译文】

　　孔子说："中庸大概是至高的德行吧！但人们很少能做到，而且这种状况已经持续很久了！"

第四章

本章还是过与不及的问题。无论是过还是不及，无论是贤还是不肖，无论是智还是愚，其根本原因都在于缺乏对道的真知。正因为要么太过，要么不及，所以，总无法做得恰到好处。

子曰："道之不行也[1]，我知之矣：知者过之[2]，愚者不及也。道之不明也，我知之矣：贤者过之，不肖者不及也[3]。人莫不饮食也，鲜能知味也。"

【注释】

[1] 道：中庸之道。

[2] 知：同"智"。过：超过。

[3] 不肖者：指不贤的人。

【译文】

孔子说："中庸之道不能实行的原因我已经知道了：聪明的人自以为是，认识过了头；愚蠢的人智力不及，不能理解它。中庸之道不能宏扬的原因我认为是：贤能的人做得过了分，不贤的人又根本做不到。就像人们每天都要吃东西，却很少有人能够品尝出真正的滋味。"

第五章

因为不了解道的内容和重要性，所以难以实行。

子曰：“道其不行矣夫[1]。”

【注释】

[1]其：语气助词，表示推测。

【译文】

孔子说：“道大概不能在世上实行了吧。”

第六章

　　执两用中，不偏不倚、无过无不及，做到恰到好处。此外，选择好后，还要善于应用，这才是一种大智慧。因此，舜之所以具有大智慧，在于他从不自以为是，而且善于向其他人学习，即使粗浅的言论也要听，并且不去计较不好的话，到处传播好的言论，这样的行为自然会感动人，所以大家都愿意把真实的情况告诉他。但听到真实的情况还不够，还必须善于分析。

　　子曰："舜其大知也与[1]！舜好问而好察迩言[2]，隐恶而扬善，执其两端，用其中于民，其斯以为舜乎！"

【注释】

　　[1] 大知：知，同"智"，指才智很高。

　　[2] 迩言：浅近的话。

【译文】

　　孔子说："舜可真是具有大智慧的人啊！他喜欢请教

别人，又善于从人们浅近的话语中分析含义，隐藏别人的恶言恶行，表彰别人的好处，过与不及两端的情况他都掌握，用中庸之道来治理百姓，这就是舜之所以成为舜的原因吧！"

第七章

聪明反被聪明误。一方面，自以为聪明，好走极端，不知适可而止；另一方面，不知进退，畏缩不前，这些都不符合中庸之道，结果自投罗网却不自知。那些选择中庸之道的人，虽然知道适可而止的好处，但好胜之心难以满足，欲壑难填，结果越走越远，从而不能做到适中。因此，明白道理，但也要坚持，要百折不回。

子曰："人皆曰予知[1]，驱而纳诸罟擭陷阱之中[2]，而莫之知辟也[3]。人皆曰予知，择乎中庸而不能期月守也[4]。"

【注释】

[1] 予：我。

[2] 罟：捕兽的网。擭：指带有机关的捕兽的木笼。

[3] 辟：同"避"，指躲避、逃避。

[4] 期月：一整月。

【译文】

孔子说："人人都说自己聪明，可被驱赶到罗网中却不知道躲避。人人都说自己聪明，可是选择了中庸之道，却连一个月也坚持不下来。"

第八章

这是接着前一章那些不能坚持中庸之道的人而说的。作为孔子的得意门生，颜回经常被推荐为学习的榜样，坚持中庸之道也不例外。《论语·雍也》说："贤哉回也！一箪食，一瓢饮，在陋巷，人不堪其忧，回也不改其乐。贤哉回也！"

子曰："回之为人也[1]，择乎中庸，得一善[2]，则拳拳服膺而弗失之矣[3]。"

【注释】

[1]回：指颜回，字子渊。

[2]善：好。

[3]拳拳：奉持不舍的样子。服膺：牢牢地记在心中。

【译文】

孔子说："颜回就是这样一种人，他选择了中庸之道，得到了一个好的道理，便牢牢地记在心上，再也不让它失去。"

第九章

孔子对中庸之道持捍卫的态度，但很多人对中庸之道看得比较肤浅，所以把它推到比赴汤蹈火、治国平天下更难的境地。功名利禄可以放弃，面对锋利的刀刃不退缩，敢于践踏，中庸却不容易做到。

子曰："天下国家可均也[1]，爵禄可辞也[2]，白刃可蹈也[3]，中庸不可能也。"

【注释】

[1] 均：治理。

[2] 爵禄：爵位，俸禄。辞：放弃。

[3] 蹈：踩，踏。

【译文】

孔子说："天下国家可以治理，官爵俸禄可以放弃，雪白的刀刃可以践踏而过，但中庸却不容易做到。"

第十章

本章继续讲"中庸"。说的是南方之强在于以宽和的态度教人，而不报复。南方风气柔弱，在于以隐忍之力胜人。北方风气之强在于以强力胜人，这是强悍者的行为。二者均不是孔子所说的中庸之道，孔子的中庸之道是指能达到和谐、中立。只有在无论任何情况下都能持守中庸之道的人才能称得上强大。

子路问强。子曰："南方之强与？北方之强与？抑而强与[1]？宽柔以教，不报无道[2]，南方之强也，君子居之。衽金革[3]，死而不厌[4]，北方之强也，而强者居之。故君子和而不流[5]，强哉矫[6]！中立而不倚，强哉矫！国有道，不变塞焉[7]，强哉矫！国无道，至死不变，强哉矫！"

【注释】

　[1]抑：还是。

　[2]报：报复。无道：指强暴无理的人。

［3］衽（rèn）：卧席，此处为动词。

［4］死而不厌：死而后已之意。

［5］和而不流：性情平和，不随波逐流。

［6］矫（jiǎo）：坚强的样子。

［7］不变塞：不随便更改志向。

【译文】

子路问什么是强。孔子说："你问的是南方的强呢？还是北方的强呢？或者是你自己认为的强呢？用宽厚的精神去教育人，即使人家对我蛮横无礼也不报复，这是南方的强，品德高尚的人具有这种强。枕着兵器铠甲，即使死也在所不惜，这是北方的强，英勇好斗的人就具有这种强。所以，品德高尚而不随波逐流，这才是真强！保持中立而不偏不倚，这才是真强！国家政治清明而不改变志向，这才是真强！国家政治黑暗而能坚持操守，这才是真强！"

第十一章

钻牛角尖，行为怪诞，这些欺世盗名的做法，根本不是中庸之道，为圣人所不齿。遵照正确的道路，但半途而废，也是圣人所不欣赏的。只有持守中庸之道，并不为名利所困，才是圣人所赞赏并推崇的。

子曰："素隐行怪[1]，后世有述焉[2]，吾弗为之矣[3]。君子遵道而行，半途而废，吾弗能已矣[4]。君子依乎中庸，遁世不见知而不悔，唯圣者能之。"

【注释】

[1]素：探索、寻求。隐：隐僻。

[2]述：记述。

[3]弗：不。

[4]已：止，停止。

【译文】

孔子说："寻找隐僻的道理，做些怪诞的事情，后世也许会有人记述他、称赞他，但我决不会这样做。有品德的人按照中庸之道去做，但半途而废，不能坚持下去，但我是决不会停止的。真正的君子遵循中庸之道，即使默默无闻不被世人知道，也决不后悔，这只有圣人才能做得到。"

第十二章

此章重申"道也者，不可须臾离也，可离非道也"，以下八章都是围绕这一中心而展开的。

正因为道不可须臾离开，所以，道就应该有普遍的可适应性，连普通男女都可以知道，可以学习，也可以践行。但是，知道是一回事，践行却是另一回事，要进入其高深境界则又是另外一回事。所以，道又必须有精微奥妙的一面，供人们进行深造，进行创造性的实践。

君子之道费而隐[1]。夫妇之愚[2]，可以与知焉[3]，及其至也[4]，虽圣人亦有所不知焉。夫妇之不肖，可以能行焉，及其至也，虽圣人亦有所不能焉。天地之大也，人犹有所憾。故君子语大，天下莫能载焉；语小，天下莫能破焉[5]。《诗》云："鸢飞戾天[6]，鱼跃于渊[7]。"言其上下察也[8]。君子之道，造端乎夫妇[9]，及其至也，察乎天地。

［1］费：广大。隐：精微。

［2］夫妇：匹夫匹妇，指普通男女。

［3］与：参与。

［4］至：极至，最精妙处。

［5］破：分开。

［6］鸢（yuān）：鹰。戾：到达。

［7］跃：跳动。渊：深水。

［8］察：昭著，明显。

［9］造端：开始。

【译文】

　　君子的道广大而又精微。一般来说，普通男女也是可以知道的；但到了最高深的境界，即便是圣人也有不明白的地方。普通男女虽然不贤明，也可以实行君子之道；但到了最精妙的境界，即便是圣人也有做不到的地方。天地之大，但人们对天地仍不满足。所以，君子说到"大"，就连整个天下都承载不下；君子说到"小"，就连一点儿也分不开。《诗经》说："老鹰飞向天空，鱼儿跃入深渊。"这是说君子之道，和鹰飞鱼跃一样，上下分明。君子之道，始于普通男女，但到了最高深精妙的境界，却能够明察天地。

第十三章

　　"道不远人"是道不可片刻离开的基本条件。所以，君子从本性出发教化人，能改正错误就行。

　　而人道是什么呢？是"忠恕"。它要求设身处地地为他人着想，自己不愿意做的事，也不要让他人做。做人要先严格要求自己，像孔子那样从君臣、父子、兄弟、朋友四个方面反省自己，从日常的言行做起，符合中庸之道，才是一个很笃实的人。

　　子曰："道不远人。人之为道而远人，不可以为道。《诗》云：'伐柯伐柯[1]，其则不远[2]。'执柯以伐柯，睨而视之[3]，犹以为远。故君子以人治人，改而止。忠恕违道不远[4]，施诸己而不愿，亦勿施于人。君子之道四，丘未能一焉：所求乎子以事父，未能也；所求乎臣以事君，未能也；所求乎弟以事兄，未能也；所求乎朋友先施之，未能也。庸德之行[5]，庸言之谨[6]，有所不足，不敢不勉，有余不敢尽。言顾行，行顾言，君子胡不慥慥尔[7]？"

【注释】

　　[1] 伐柯：砍削斧柄。柯，斧柄。

　　[2] 则：法则，这里指斧柄的式样。

　　[3] 睨（nì）：斜视。

　　[4] 违道：离道。违，离。

　　[5] 庸德：平常的道德。

　　[6] 庸言：平常的言语。

　　[7] 慥慥（zào）：忠厚诚实的样子。

【译文】

　　孔子说："道是不能排斥人的。如果有人实行道却排斥人，那就不可以实行道了。《诗经》说：'砍削斧柄，砍削斧柄，斧柄的式样就在眼前。'握着斧柄砍削树木做斧柄，应该不会有什么差异，但如果你斜着看，会以为差异很大。所以，君子总是采取不同的办法来治理人，只要他能改正错误实行道就行。一个人做到忠恕，离道也就不远了。什么叫忠恕呢？自己不愿意的事，也不要让别人做。君子的道有四项，我孔丘连其中的一项都做不到：作为一个儿子应该为父亲做到的，我没有做到；作为一个臣民应该对君王做到的，我没有做到；作为一个弟弟应该对哥哥做到的，我没有做到；作为一个朋友应该先做到的，我没有做到。平常的道德努力践行，平常的言论尽量谨慎，德行有不足的地方，不敢不继续努力；言谈不能放肆而不留有余地。言论要符合自己的行为，行为要符合自己的言论，这样的君子怎么会不忠厚诚实呢！"

第十四章

　　本章讲的是儒家的为己之学。"为己"是指不断提升自己，这靠君子自身的力量就能做到。一个人生下来会碰到许多自己无法决定的先天条件，可能是富贵、贫贱，也可能生在夷狄、处于患难。但无论什么条件或者环境，都应做自己该做的事。以损害自己的道德为代价向上爬是不值得的。身处富贵不欺负人，身处贫贱不攀附人，就不会遭到怨恨。做事一如既往才是君子。

　　君子素其位而行[1]，不愿乎其外[2]。素富贵，行乎富贵；素贫贱，行乎贫贱；素夷狄[3]，行乎夷狄；素患难，行乎患难。君子无入而不自得焉[4]。在上位，不陵下[5]；在下位，不援上[6]。正己而不求于人，则无怨。上不怨天，下不尤人[7]。故君子居易以俟命[8]，小人行险以徼幸。子曰："射有似乎君子，失诸正鹄[9]，反求诸其身。"

【注释】

　　[1]素：平素。

［2］愿：羡慕。

［3］夷：泛指当时的少数民族。

［4］无入：无论处于什么情况下。

［5］陵：欺侮。

［6］援：攀援，引申为投靠有势力的人。

［7］尤：抱怨。

［8］居易：居于安全的境地，意为安居现状。易，平安。俟（sì）命：等待天命。

［9］正鹄（gǔ）：箭靶中心的圆圈。

【译文】

君子安于现在所处的地位去做应做的事，没有非分之想。处于富贵的地位，就做富贵人应做的事；处于贫贱的状况，就做贫贱人应做的事；处于偏远的地位，就做偏远地位应做的事；处于患难之中，就做在患难之中应做的事。君子无论处于什么情况都应安然自得。处于上位，不欺侮下位的人；处于下位，不攀附上位的人。端正自己而不苛求别人，这样就不会有什么抱怨了。上不抱怨天，下不抱怨人。所以，君子安于现状来等待天命，小人却铤而走险妄图获得非分的东西。孔子说："君子立身处世就像射箭一样，射不中靶子，要寻找自身技术的问题。"

第十五章

"行远必自迩，登高必自卑"，万事应循序渐进，不可操之过急，否则欲速则不达。

所以要在天下实行中庸之道，首先得和顺自己的家庭。这也是《大学》修、齐、治、平循序渐进的道理。

君子之道，辟如行远必自迩[1]，辟如登高必自卑[2]。《诗》曰："妻子好合[3]，如鼓瑟琴[4]。兄弟既翕[5]，和乐且耽[6]。宜尔室家，乐尔妻帑[7]。"子曰："父母其顺矣乎！"

【注释】

[1]辟：通"譬"。迩：近。

[2]卑：低处。

[3]好合：和睦。

[4]鼓：弹奏。

[5]翕（xī）：和顺，融洽。

[6]耽：《诗经》原作"湛"，安乐。

［7］帑（nú）：通"孥"，儿女。

【译文】

　　君子实行中庸之道，就像走远路一样，必定要从近处开始；就像登高山一样，必定要从低处起步。《诗经》说："与妻子儿女和睦，就像弹琴鼓瑟一样。兄弟关系融洽，和顺又快乐。使你的家庭美满，使你的妻子儿女幸福。"孔子赞叹说："这样，父母也就称心如意了啊！"

第十六章

古人认为鬼神是无处不在的，本章通过鬼神之论，指出"不可须臾离"的要求。

第十二章有"君子之道费而隐"之说，看不见、听不到，是"隐"，是精微；但它却体现在万物之中，使人无法离开它，是"费"，是广大。

子曰："鬼神之为德，其盛矣乎！视之而弗见，听之而弗闻，体物而不可遗[1]。使天下之人，齐明盛服[2]，以承祭祀，洋洋乎[3]！如在其上，如在其左右。《诗》曰：'神之格思[4]，不可度思[5]，矧可射思[6]。'夫微之显[7]，诚之不可掩如此夫[8]！"

【注释】

[1] 体物：体察、生养万物。

[2] 齐：通"斋"，斋戒。明：洁净。

[3] 洋洋乎：流动而充满其间。

[4] 格思：来临。

［5］度：揣度。

［6］矧（shěn）：况且。射（yì）：厌，指厌怠不敬。

［7］微之显：指鬼神之事即隐微又明显。

［8］掩：掩盖。

【译文】

孔子说："鬼神的德行可真是大得很啊！虽然看不见它，听不到它，但它却体现在万物上使人无法离开。天下的人都斋戒净心，穿着庄重整齐的服装来祭祀它，这时鬼神的形象无所不在，好像就在你的头上，在你的左右一样。《诗经》说：'神的降临，不可测度，怎么能怠慢呢？'鬼神从隐微到显著，是真实不虚的啊！"

第十七章

儒家认为孝是最基本的德行，认为推行孝于天下就是为政。

舜的父亲不喜欢他，弟弟要害他，尽管环境如此，但他并没有放弃孝和友爱。由于舜道德高尚，所以被看成圣人，同时获得了地位、财富、功名、长寿。作者认为自然规律就是这样，上天生养万物，根据他们的资质去培养，能成材的得到培植，反之自然覆灭。《诗经》里早就说过，那些德行高尚的人，会为民众做好事，自然得到上天的保佑。因此有大德的人必然获得至高无上的权位。

子曰："舜其大孝也与！德为圣人，尊为天子，富有四海之内，宗庙飨之[1]，子孙保之[2]。故大德必得其位，必得其禄，必得其名，必得其寿。故天之生物，必因其材而笃焉[3]。故栽者培之，倾者覆之[4]。《诗》曰：'嘉乐君子，宪宪令德。宜民宜人，受禄于天。保佑命之，自天申之。'故大德者必受命。"

【注释】

〔1〕宗庙：古代天子、诸侯祭祀先王的地方。

〔2〕子孙：指舜的后代。

〔3〕材：资质，本性。笃：厚。

〔4〕覆：倾覆，摧败。

【译文】

　　孔子说："舜可以说是个大孝之人了吧！论德行是圣人，论地位是天子，论财富拥有整个天下，后世在宗庙里祭祀他，子子孙孙都保持他的功业。所以，有大德的人必定得到他应得的地位，必定得到他应得的财富，必定得到他应得的名声，必定得到他应得的长寿。所以，上天生养万物，必定根据它们的资质而厚待它们。能成材的得到培育，不能成材的就遭到淘汰。《诗经》说：'高尚优雅的君子，有光明美好的德行。让人民安居乐业，享受上天赐予的福禄。上天保佑他，任用他，给他以重大的使命。'所以，有大德的人必会承受天命。"

第十八章

本篇从周文王到周武王，再到周公，通篇都是讲德，和上文"大德必得其位"相呼应。作者认为周文王更为突出，他有王季这样的父亲，有武王这样的儿子，而周公成就了文王、武王的事业，制礼作乐，从天子推及到普通百姓。核心还是同孝相连。

子曰："无忧者其惟文王乎！以王季为父[1]，以武王为子；父作之[2]，子述之[3]。武王缵大王、王季、文王之绪[4]，壹戎衣而有天下[5]。身不失天下之显名，尊为天子，富有四海之内，宗庙飨之，子孙保之。武王末受命[6]，周公成文武之德，追王大王、王季[7]，上祀先公以天子之礼。斯礼也，达乎诸侯大夫，及士庶人。父为大夫，子为士，葬以大夫，祭以士。父为士，子为大夫，葬以士，祭以大夫。期之丧[8]，达乎大夫。三年之丧，达乎天子。父母之丧，无贵贱一也。"

【注释】

　　[1]王季：周文王的父亲，名季历。

　　[2]作：创业。

　　[3]述：继承。

　　[4]缵（zuǎn）：继续。

　　[5]壹戎衣：一著戎衣以讨伐商纣。

　　[6]末：晚年。

　　[7]追王（wàng）：追尊……为王。

　　[8]期（jī）之丧：指一年的守丧之期。

【译文】

　　孔子说："没有忧愁的人，大概只有周文王了吧！他有王季这样的父亲，有武王这样的儿子。父亲开创了基业，儿子继承了事业。武王继承了太王古公亶父、王季、周文王的功业，身着铠甲讨伐商纣王，一举夺取了天下。他本身没有失掉名扬天下的声望，成为尊贵的天子，拥有四海之内的疆土，社稷宗庙祭祀他，子子孙孙永保周朝王业。武王晚年才承受天命，及至周公才成就了文王、武王的德业，追奉太王、王季为王，又用天子之礼祭祀历代祖先。而且将这种礼制，推行到诸侯、大夫、士和庶人。按照这种礼制，如果父亲身为大夫，儿子身为士，父亲死后，用大夫礼安葬，用士礼祭祀。如果父亲身为士，儿子身为大夫，父亲死后，就用士礼安葬，用大夫礼祭祀。服丧一周年的丧制，从平民通行到大夫。服丧三年的丧制，从庶民一直通行到天子。为父母服丧，不论身份贵贱，服期都是一样的。"

第十九章

孝最重要的特点是继承先人遗志，并把先人事业发扬光大，所不同的是本章突出祭祀礼乐，"慎终追远，民德归厚"。

子曰："武王、周公，其达孝矣乎[1]！夫孝者：善继人之志，善述人之事者也。春秋修其祖庙[2]，陈其宗器[3]，设其裳衣[4]，荐其时食。宗庙之礼，所以序昭穆也[5]；序爵，所以辨贵贱也；序事[6]，所以辨贤也；旅酬下为上[7]，所以逮贱也[8]；燕毛[9]，所以序齿也。践其位，行其礼，奏其乐，敬其所尊，爱其所亲，事死如事生，事亡如事存，孝之至也。郊社之礼，所以事上帝也。宗庙之礼，所以祀乎其先也。明乎郊社之礼、禘尝之义[10]，治国其如示诸掌乎！"

【注释】

[1]达孝：天下人都认为他孝。

[2]春秋：指祭祀祖先的时节。

[3]陈其宗器：摆放祖先所藏之重器。

[4]裳衣：先祖遗留的衣服。

[5]昭穆：宗庙中神主排列的次序，始祖居中，以下父子按左昭右穆顺序排列。

[6]序事：排列宗祝有司的职事。

[7]旅酬：众人举杯劝酒。旅，众。酬，以酒相劝。

[8]逮贱：祖先的恩惠下达到卑贱者。

[9]燕毛：燕，同"宴"，指宴饮时，依照毛发的颜色区分长幼的次序。

[10]禘（dì）尝：此代指四时祭祀。禘，天子宗庙举行的隆重祭礼。尝，秋祭。

【译文】

孔子说："周武王和周公，天下人都认为他们是最孝的人！这种孝，指的是善于继承先人的遗志及未完成的事业。每逢举行祭祀的时节，修葺祖庙，陈列祖先所藏的重器，摆设先人遗留的衣服，供奉时令饮食。宗庙中的祭礼，用以排列昭穆各个辈分；序列爵位，用以辨别身份贵贱；安排祭祀中各种职事，用以判断子孙才能；祭后众人轮流举杯时，晚辈向长辈敬酒，用以显示先祖的恩惠下达到地位低贱者的身上；祭毕宴饮时，依照头发的黑白来排列座次，用以区分长幼次序。供奉好先王的牌位，举行先王留下的祭礼，演奏先王时代的音乐，敬重先王所尊敬的人，爱护先王所爱的臣民，侍奉死者如同他在世时一样，侍奉亡故的人如同他活着时一样，这就是孝道的最高境界。祭祀天地的礼节，用来侍奉上帝。祭祀宗庙的礼节，用来祭祀自己祖先。明白了祭祀天地的礼节和四时举行禘尝诸祭的意义，那么治理国家就如同观看手掌上的东西一样明了了。"

第二十章

这一章是《中庸》全篇的枢纽，此前各章节都是通过方方面面来论述中庸之道的普遍性和重要性的。本章首先从鲁哀公问政入手，借孔子的回答提出了政事与人的修养的密切关系。从而推导出治理天下的九条原则、五项伦常关系、三种德行。最后，认为关键在于一个"诚"字。

关于治理天下的九条原则，注意"凡事豫则立，不豫则废"；关于五伦关系，今天除无君臣关系外，其他几项关系依然是我们不能或缺的，有的甚至血肉相连，不可分割；智、仁、勇三种是天下共通的品德，知道这些，就知道怎样齐家治国平天下了。

哀公问政^[1]。子曰："文武之政，布在方策^[2]。其人存^[3]，则其政举；其人亡，则其政息^[4]。人道敏政^[5]，地道敏树。夫政也者，蒲卢也^[6]。故为政在人，取人以身，修身以道，修道以仁。仁者，人也，亲亲为大。义者，宜也，尊贤为大。亲亲之杀^[7]，尊贤之等，礼

所生也。（在下位不获乎上，民不可得而治矣。）故君子
不可以不修身。思修身，不可以不事亲；思事亲，不可
以不知人；思知人，不可以不知天。"

【注释】

[1]哀公：春秋时鲁国国君。姓姬，名蒋。

[2]方：书写用的木板。策：书写用的竹简。

[3]其人：指文王、武王。

[4]息：灭，消失。

[5]敏：快速。指各种政策的快速推行。

[6]蒲卢：即芦苇。

[7]杀（shài）：减少，降低。

【译文】

鲁哀公询问政事，孔子说："周文王、周武王的政治
措施，都记载在典籍上了。他们在世，这些政事就能实施；
他们去世，这些政事也就废弛了。贤人治理国家，政事就
能迅速推行；沃土植树，树木就能快速生长。政事就像芦
苇生长一样完全取决于用什么人。要得到适用的人在于修
养自身，修养自身在于遵循道德，遵循道德要从仁义做起。
仁，就是爱人，亲爱亲人是最大的仁。义，就是做事要适
宜，尊重贤人是最大的义。亲爱亲人要分亲疏，尊重贤人

要有等级，这都是礼的要求。所以，君子不可以不修养自己。想要修养自己，不能不侍奉亲族；要侍奉亲族，不能不了解他人；想要了解他人，不能不知道天理。"

　　天下之达道五[1]，所以行之者三。曰君臣也，父子也，夫妇也，昆弟也[2]，朋友之交也：五者，天下之达道也。知、仁、勇三者，天下之达德也[3]，所以行之者一也。或生而知之，或学而知之，或困而知之，及其知之一也。或安而行之，或利而行之，或勉强而行之，及其成功一也。子曰："好学近乎知，力行近乎仁，知耻近乎勇。知斯三者，则知所以修身；知所以修身，则知所以治人；知所以治人，则知所以治天下国家矣。"

【注释】

　　[1] 达道：天下古今共同遵循的道理。

　　[2] 昆弟：兄和弟，也包括堂兄堂弟。

　　[3] 达德：天下古今共同具备的德性。

【译文】

　　天下人共有的人伦关系有五项，用来处理这五项人伦关系的德行有三种。君臣、父子、夫妇、兄弟、朋友，这五项是天下人共有的人伦关系。智、仁、勇是用来处理这五项关系的三种德行，这三种品德的实施效果都是一样的。这些道理，有的人生来就知道它们，有的人通过学习才知道它们，有的人经历了困苦才知道它们，但只要他们最终都知道了，也就是一样的了。对于这些道理的实行，有的人自愿去做，有的人因为某些好处去做，有的人被迫去做，但只要他们最终都做成了，也就是一样的了。孔子说："喜欢学习就接近了智，努力行善就接近了仁，知道羞耻就接了近勇。知道这三点，就知道怎样修养自己；知道怎样修养自己，就知道怎样管理他人；知道怎样管理他人，就知道怎样治理天下和国家了。"

凡为天下国家有九经[1]，曰：修身也，尊贤也，亲亲也，敬大臣也，体群臣也，子庶民也[2]，来百工也[3]，柔远人也[4]，怀诸侯也[5]。修身则道立，尊贤则不惑，亲亲则诸父昆弟不怨，敬大臣则不眩[6]，体群臣则士之报礼重，子庶民则百姓劝[7]，来百工则财用足，柔远人则四方归之，怀诸侯则天下畏之。

【注释】

[1] 为：治理。九经：九条准则。

[2] 子庶民：以庶民为子，如父母爱其子。

[3] 来：招来。百工：各行业的工匠。

［4］柔远人：优待边远地方来的人。

［5］怀：安抚。

［6］不眩：不迷惑。

［7］劝：勉励。

【译文】

治理天下和国家有九条原则，那就是：修养自身，尊崇贤德，亲近亲人，敬重大臣，体恤群臣，爱民如子，招纳百工，招待远客，安抚诸侯。修养自身就能确立正道；尊崇贤人就不会思想困惑；亲爱亲族就不会惹得叔伯兄弟怨恨；尊敬大臣就不会遇事无措；体恤群臣士人们就会竭力报效；爱民如子老百姓就会忠心耿耿；招纳百工财物就会充足；盛情招待远客四方百姓就会归顺；安抚诸侯天下的人就会敬畏。

齐明盛服[1]，非礼不动，所以修身也。去谗远色[2]，贱货而贵德，所以劝贤也。尊其位，重其禄，同其好恶，所以劝亲亲也。官盛任使[3]，所以劝大臣也。忠信重禄，所以劝士也。时使薄敛[4]，所以劝百姓也。日省月试，既廪称事[5]，所以劝百工也。送往迎来，嘉善而矜不能[6]，所以柔远人也。继绝世[7]，举废国[8]，治乱持危，朝聘以时[9]，厚往而薄来，所以怀诸侯也。

【注释】

[1]齐明盛服：齐，通"斋"。斋戒沐浴，身穿盛装。

[2]谗：这里指说坏话的人。

[3]官盛任使：官员众多，足够听任差遣。

[4]时使：指役使百姓不误农时。

[5]既廪称事：发给的薪水粮米与工作业绩对等。

[6]矜：怜悯，同情。

[7]继绝世：延续已经中断的家庭世系。

[8]举废国：复兴已经没落的邦国。

[9]朝聘：诸侯定期朝见天子。

【译文】

　　像斋戒那样净心虔诚，穿着庄重整齐的服装，不符合礼仪的事坚决不做，这是为了修养自身。驱除小人，疏远女色，看轻财物而重视德行，这是为了尊崇贤人。提高亲族的地位，给他们以丰厚的俸禄，与他们同爱同憎，这是为了团结亲族。官员众多足以让他们使用，这是为了劝勉大臣。真心诚意地任用他们，并给他们丰厚的俸禄，这是为了奖劝士人。使用民役不误农时，少征赋税，这是为了勉励百姓。每天省察，每月考核，按劳付酬，这是为了奖劝工匠。来时欢迎，去时欢送，奖励有善行的人，怜恤能力差的人，这是为了优待远客。延续绝后的家族，复兴灭亡的小国，治理祸乱，扶持危弱，按时接受朝见，赠送丰厚，纳贡菲薄，这是为了安抚诸侯。

凡为天下国家有九经[1]，所以行之者一也。凡事豫则立[2]，不豫则废。言前定则不跲[3]，事前定则不困，行前定则不疚，道前定则不穷。

【注释】

[1]九经：九条原则。

[2]豫：预备，准备。

[3]跲（jiá）：绊倒。此处指说话不顺畅。

【译文】

总之，治理天下和国家有九条原则，但实行这些原则的方法却只有一个。任何事情，事先有准备就会成功，没有准备就会失败。说话先有准备，就不会中断；做事先有准备，就不会受挫；行动先有准备，就不会后悔；道路预先选定，就不会走投无路。

在下位不获乎上，民不可得而治矣。获乎上有道：不信乎朋友，不获乎上矣。信乎朋友有道：不顺乎亲，不信乎朋友矣。顺乎亲有道：反诸身不诚，不顺乎亲矣。诚身有道：不明乎善，不诚乎身矣。

【译文】

　　在下位的人，如果得不到在上位人的信任，就不可能治理好百姓。得到在上位人的信任是有方法的：得不到朋友的信任，就得不到在上位人的信任。得到朋友的信任是有方法的：不孝顺父母，就得不到朋友的信任。孝顺父母是有方法的：自己不真诚，就不能让孝顺父母。让自己真诚是有方法的：不明白什么是善，就不能使自己真诚。

　　诚者，天之道也；诚之者，人之道也。诚者，不勉而中，不思而得，从容中道，圣人也。诚之者，择善而固执之者也。博学之，审问之[1]，慎思之，明辨之，笃行之。有弗学[2]，学之弗能弗措也[3]；有弗问，问之弗知弗措也；有弗思，思之弗得弗措也；有弗辨，辨之弗明弗措也；有弗行，行之弗笃弗措也。人一能之，己百之；人十能之，己千之。果能此道矣，虽愚必明，虽柔必强。

【注释】

　　[1]审问：审慎地探问。

　　[2]弗：不。

［3］弗措：不罢休，不停止。

【译文】

真诚是上天的原则，追求真诚是做人的重要准则。天生真诚的人，不用勉强就能做到，不用思考就能拥有，极其自然地就能符合上天的原则，这种人是圣人。努力做到真诚，就是选择好善的目标执着追求。广泛学习，详细询问，周密思考，明确辨别，切实实行。要么不学，学了没有学会绝不罢休；要么不问，问了不懂绝不罢休；要么不想，想了没有想通绝不罢休；要么不分辨，分辨了不清楚明确绝不罢休；要么不实行，实行了没有成效绝不罢休。别人用一分的努力就能做到的，我用一百分的努力去做；别人用十分的努力做到的，我用一千分的努力去做。如果真能够做到这样，虽然愚笨也一定可以聪明起来，虽然柔弱也一定可以变得强大起来。

第二十一章

　　无论是先天的性还是后天人为的教育，只要做到了真诚，二者也就合一了。从诚开始，便具有善，这是先天的性；而一般人先知道善，而后让善真实，这是后天教育的结果。

　　自诚明[1]，谓之性；自明诚，谓之教。诚则明矣，明则诚矣。

【注释】

　　[1]自：从，由。明：明白。

【译文】

　　由真诚而自然明白道理，这叫天性；明白道理后做到真诚，这叫人为的教育。真诚也就会自然明白道理，明白道理后也就会做到真诚。

第二十二章

　　真诚者只有把自己的善性发挥到极致，并用这种态度关怀他人，才能发挥他人的善性，万物也会得到关照。这样，人类就可以帮助天地孕育生命，并使自己立于与天地并列为三的不朽地位。

　　唯天下至诚，为能尽其性[1]；能尽其性，则能尽人之性；能尽人之性，则能尽物之性；能尽物之性，则可以赞天地之化育[2]；可以赞天地之化育，则可以与天地参矣。

【注释】

　　[1] 尽其性：充分发挥本性。

　　[2] 赞：赞助。

【译文】

　　只有天下极其真诚的人，才能将他们的本性发挥到极致；能充分发挥他的本性，就能充分发挥众人的本性；能充分发挥众人的本性，就能充分发挥万物的本性；能充分发挥万物的本性，就能帮助天地孕育生命；能帮助天地孕育生命，就可以与天地并列为三了。

第二十三章

这一章是相对于上一章说的。上章谈的是圣人,这章说的是普通的贤人。圣人是自诚明,贤人是自明诚。贤人通过教育和修养,同样可以达到圣人的境界。

其次致曲[1],曲能有诚,诚则形[2],形则著[3],著则明[4],明则动,动则变,变则化[5],唯天下至诚为能化。

【注释】

[1]致曲:致力于某一方面。曲,偏,一个方面。

[2]形:这里指显露、表现。

[3]著:显著。

[4]明:光明。

[5]化:即化育、教化。

【译文】

贤人专注于某一个方面,致力于某一方面,也能做到真诚。做到了真诚就会表现出来，表现出来就会逐渐显著，显著了就会发扬光大，发扬光大就会感动他人，感动他人就会引起转变，引起转变就能化育万物，只有天下最真诚的人能化育万物。

第二十四章

心诚则灵。灵到能预知未来吉凶祸福的程度，这不是一般人的境界。"国家将兴，必有祯祥；国家将亡，必有妖孽"的现象，虽然历代的正史野史记载比比皆是。其实，揭开神秘的面纱，这里的意思是指，由于心灵达到了至诚的境界，不被私心杂念所蛊惑，就能洞悉世间万物的根本规律，因此能够预知未来的吉凶祸福、兴亡盛衰。总而言之，重点强调真诚的出神入化的功用罢了。

至诚之道，可以前知。国家将兴，必有祯祥[1]；国家将亡，必有妖孽[2]。见乎蓍龟[3]，动乎四体。祸福将至：善，必先知之；不善，必先知之。故至诚如神。

【注释】

[1]祯（zhēn）祥：吉祥。

[2]妖孽：反常的事物。草木之类称妖，虫豸之类称孽。

[3]蓍（shī）龟：蓍草和龟甲，用来占卜。

【译文】

　　真诚达到极致的时候，可以预知未来的事。国家要兴旺，必然有吉祥的征兆；国家要衰亡，必然有不祥的反常征兆。呈现在蓍草龟甲上，表现在手脚动作上。祸福将要来临时，是福可以预先知道，是祸也可以提前知道。所以真诚达到极致境界就像神灵一样微妙。

第二十五章

本章把智、仁与真诚联系起来。因为真诚既是事物的根本规律，也是自我内心的完善。所以，要做到真诚就必须做到物我合一。

这里涉及到儒家的一个重要要求——真诚的外化问题，也就是说，真诚不仅仅是一种主观内在的品质，自我道德的完善，还要外化到他人和一切事物当中。

诚者自成也[1]，而道自道也。诚者物之终始，不诚无物。是故君子诚之为贵。诚者，非自成己而已也[2]，所以成物也。成己，仁也；成物，知也。性之德也，合外内之道也，故时措之宜也[3]。

【注释】

[1] 自成：自我成全，自我完善。

[2] 成己：完善自己。

[3] 时措：任何时候实施。

【译文】

　　真诚是自我的完善，道是自我的引导。真诚是事物的发端和归宿，没有真诚就没有了事物。因此君子以真诚为贵。不过，真诚并非自我完善就可以了，而是还要完善事物。自我完善是仁，完善其他事物是智。仁和智是出于本性的德行，是融合自身与外物的准则，所以任何时候施行都是适宜的。

第二十六章

本章先是说人，其次讲天地，最后引诗颂扬文王的道德。圣人至诚，能将真诚持久地保持在内心，日积月累就会达到极高的境界，从而达到与天地并列为三；天地和圣人一样真实，天地同样高明，所以圣人与天地同德；最后通过文王把人的作用提升，将人从被动转为主动配合自然。

故至诚无息[1]。不息则久，久则征[2]，征则悠远，悠远则博厚，博厚则高明。博厚，所以载物也；高明，所以覆物也；悠久，所以成物也[3]。博厚配地，高明配天，悠久无疆。如此者，不见而章，不动而变，无为而成。

【注释】

[1] 无息：不间断。

[2] 征：征验，显露于外。

[3] 成物：成就万物。

【译文】

因此至诚无止息。没有止息就会保持长久，保持长久就会显露出来，显露出来就会悠远，悠远就会广博深厚，广博深厚就会高大光明。广博深厚能承载万物；高大光明能覆盖万物；悠远长久能生成万物。广博深厚可以与地相比，高大光明可以与天相比，悠久则永无止境。达到这样的境界，不显现也会明显，不运动也会改变，无所作为也会有所成就。

天地之道，可一言而尽也[1]：其为物不贰[2]，则其生物不测[3]。天地之道：博也，厚也，高也，明也，悠也，久也。今夫天，斯昭昭之多[4]，及其无穷也，日月星辰系焉，万物覆焉。今夫地，一撮土之多，及其广厚，载华岳而不重，振河海而不泄[5]，万物载焉。今夫山，一卷石之多[6]，及其广大，草木生之，禽兽居之，宝藏兴焉。今夫水，一勺之多，及其不测，鼋鼍蛟龙鱼鳖生焉，货财殖焉。

【注释】

[1] 一言：即一字。这里指"诚"字。

[2] 物：指天地。

[3] 不测：不可测度。

［4］斯：此。昭昭：光明的样子。

［5］振：整顿，整治，引申为约束。

［6］一卷（quán）石：卷，通"拳"，一拳头大的石头。

【译文】

　　天地的法则可以用一个"诚"来概括：诚本身专一，所以孕育万物不可估量。天地的法则：就是广博、深厚、高大、光明、悠远，长久。今天我们所说的天，是从一点点的光明积累起来的，可到它无边无际时，日月星辰都靠它维系，世上万物都靠它承载。今天我们所说的地，只是一撮土聚集起来的，可到它广博深厚时，承载像华山那样的崇山峻岭也不觉得重，容纳那众多的江河湖海也不会泄漏，世间万物都由它承载。今天我们所说的山，只是拳头大的石块积累起来的，可等到它高大无比时，草木在上面生长，禽兽在上面居住，宝藏在里面储藏。今天我们所说的水，原本只是一勺一勺聚集起来的，可到它浩瀚无涯时，蛟龙鱼鳖等都在里面生长，各种有价值的东西都在里面繁殖。

　　《诗》云："维天之命，於穆不已[1]！"盖曰天之所以为天也。"於乎不显[2]，文王之德之纯！"盖曰文王之所以为文也，纯亦不已。

【注释】

[1] 於（wū）：语气词。穆：肃穆。

[2] 不：通"丕"，大。显：明显。

【译文】

《诗经》说："天道的运行，多么肃穆啊，永无止境！"这大概说的是天之所以为天的原因吧。然后又说："多么显赫光辉啊，文王的道德纯正无二！"这大概说的是文王之所以被称为文王的原因吧，他的纯正也是没有止境的。

第二十七章

这一章有三个层次：首先盛赞圣人之道。认为它像上天一样浩瀚，能滋养万物；其次讲圣人之道，指出它必须由道德高尚的人来承担，礼仪也必须由道德高尚的人来实行；再次讲智。每个人的社会地位不同，所以需要做到"居上不骄，为下不倍"，素位而行。

大哉圣人之道！洋洋乎[1]！发育万物，峻极于天。优优大哉[2]！礼仪三百，威仪三千，待其人而后行。故曰苟不至德[3]，至道不凝焉[4]。故君子尊德性而道问学[5]，致广大而尽精微[6]，极高明而道中庸[7]。温故而知新，敦厚以崇礼。是故居上不骄，为下不倍[8]。国有道其言足以兴，国无道其默足以容[9]。《诗》曰："既明且哲[10]，以保其身。"其此之谓与？

【注释】

[1]洋洋：盛大、浩瀚无边的样子。

[2]优优：充足宽裕。

［3］苟不至德：如果没有极高的德行。苟，如果。

［4］凝：凝聚，成功。

［5］问学：询问，学习。

［6］致：推致。

［7］高明：指德行的最高境界。道：遵行。

［8］倍：通"背"，背弃，背叛。

［9］默：沉默。容：容身。这里指保全自己。

［10］哲：智慧。这里指通达事理。

【译文】

多么伟大啊，圣人的道！浩瀚无边，滋养万物，与天一样崇高。充足有余，礼仪三百项，威仪三千条，这些都有待于圣人来施行。所以说，如果没有极高的德行，就不能成就极高的道。因此，君子尊崇道德而追又求学识，既达到广博的地位而又钻研精微之处，既洞察一切而又遵循中庸之道。温习已有的知识从而获得新知识，诚心诚意而又崇尚礼仪。所以身居高位不骄傲，身在低位而不自弃。国家政治清明时，他的言论足以振兴国家；国家政治黑暗时，他的沉默足以保全自己。《诗经》说："明智且通达事理，就能保全自身。"大概说的就是这个意思吧？

第二十八章

本章承接上一章发挥"为下不倍"的意思。反对自以为是，独断专行，也有"不在其位，不谋其政"的意思。

此外，有一点值得注意，这里引用孔子的话否定了那种"生乎今之世反古之道"的人，这与一般认为孔子主张"克己复礼"，具有复古倾向的看法似乎有些冲突。其实，孔子所要复的礼，恰好是那种"今用之"的"周礼"，而不是"古之道"的"夏礼"和"殷礼"。

子曰："愚而好自用[1]，贱而好自专[2]，生乎今之世，反古之道[3]。如此者，灾及其身者也。"非天子，不议礼，不制度[4]，不考文。今天下车同轨，书同文[5]，行同伦[6]。虽有其位，苟无其德，不敢作礼乐焉；虽有其德，苟无其位，亦不敢作礼乐焉。子曰："吾说夏礼，杞不足征也；吾学殷礼，有宋存焉[7]；吾学周礼，今用之，吾从周。"

【注释】

　　[1]自用：自以为是，刚愎自用。

　　[2]自专：独断专行。

　　[3]反：同"返"，回复。

　　[4]制度：在这里做动词用，指制定法度。

　　[5]书同文：指字体统一。

　　[6]行同伦：指伦理道德相同。

　　[7]宋：国名，商汤的后代居此，故城在今河南商丘南。

【译文】

　　孔子说："愚昧却喜欢自以为是，卑贱却喜欢独断专行，生于现在却要返回过去。这样做，灾祸一定会降临到自己身上。"不是天子就不要议定礼制，不要制定法度，不要考订规范文字。现在天下车子的轮距一致，文字的字体统一，伦理道德相同。虽有相应的地位，如果没有相应的德行，是不敢制作礼乐制度的；虽有相应的德行，如果没有相应的地位，也是不敢制作礼乐制度的。孔子说："我谈论夏朝的礼制，夏的后裔杞国已不足以验证它；我学习殷朝的礼制，殷的后裔宋国还残存着它；我学习周朝的礼制，现在还实行着它，所以我遵从周礼。"

第二十九章

这一章承接"居上不骄"的意思而谈。要求当政者身体力行，不仅要有好的德行，还要有实践的验证，才能取信于民。总之，本章依然强调的是重实践的观点。强调主观与客观的统一，强调理论与实践的统一。

王天下有三重焉[1]，其寡过矣乎！上焉者[2]，虽善无征，无征不信，不信民弗从。下焉者，虽善不尊[3]，不尊不信，不信民弗从。

【注释】

[1] 王天下：做天下之王，统治天下。王，作动词用，称王。三重：指上一章所说的三件事：仪礼、制度、考文。

[2] 上焉者：指夏、商时代的礼制。

[3] 不尊：没有尊位。

【译文】

治理天下如果能够做好议定礼仪、制定法度、考订文字这三件重要的事，也就不会有大过失了吧！夏商的制度虽好，但没有验证，如果没有验证，就不能使人信服，不能使人信服，老百姓就不会听从。身在下位的人，虽然有美德，但没尊贵的地位，没尊贵的地位，就不能让人信服，不能信服，老百姓就不会听从。

故君子之道，本诸身[1]，征诸庶民[2]，考诸三王而不缪[3]，建诸天地而不悖[4]，质诸鬼神而无疑，百世以俟圣人而不惑[5]。质诸鬼神而无疑，知天也；百世以俟圣人而不惑，知人也。是故君子动而世为天下道[6]，行而世为天下法，言而世为天下则。远之则有望，近之则不厌。

【注释】

[1]本诸身：本源于自身。

[2]征：验证。

[3]三王：指夏、商、周三代君王。

[4]建：立。悖：违背。

[5]俟（sì）：待。

[6]道：同"导"，先导。

所以君子治理天下应该以自身的德行为根本，并从老百姓那里得到验证。考查夏、商、周三代先王的制度而没有悖谬，立于天地而不悖逆自然，质询于鬼神而没有疑问，百世以后待圣人出现也不会产生疑问。质询于鬼神而没有疑问，这是因为知道天理；百世以后待圣人出现也不会产生疑问，这是因为知道人意。因此君子的举动能世世代代成为天下的先导，行为能世世代代成为天下的法度，语言能世世代代成为天下的准则。君子在远处有威望，在近处也不使人厌倦。

《诗》曰："在彼无恶，在此无射[1]。庶几夙夜[2]，以永终誉[3]。"君子未有不如此而蚤有誉于天下者也[4]。

【注释】

[1] 射（yì）：厌弃的意思。

[2] 庶几（jǐ）：几乎。

[3] 终：通"众"。

[4] 蚤：即"早"。

【译文】

《诗经》说："在那里没有人憎恶，在这里没有人厌烦。

日日夜夜操劳啊，使众人永远赞誉。"君子没有不这样做而能够早早在天下获得名望的。

第三十章

本章以孔子为典范，盛赞他的德行。主要从三个来描述：首先从人类历史看孔子。其次，从自然界看孔子。最后，用"万物并育而不相害，道并行而不相悖"来比喻孔子的博大宽容，从而塑造了一个伟大不朽的崇高形象，孔子因此成为践行中庸之道的千古典范。

仲尼祖述尧、舜[1]，宪章文、武[2]，上律天时，下袭水土[3]。辟如天地之无不持载，无不覆帱[4]，辟如四时之错行，如日月之代明[5]。万物并育而不相害，道并行而不相悖。小德川流，大德敦化[6]，此天地之所以为大也！

【注释】

[1] 祖述：效法、遵循前人的行为或学说。

[2] 宪章：遵从，效法。

[3] 袭：与上文的"律"义近，都是符合的意思。

[4] 覆帱（dào）：覆盖。

［5］代明：交替光明，循环变化。

［6］敦化：使万物敦厚淳朴。

【译文】

孔子继承尧、舜之道，以文王、武王为典范，上遵循天时，下符合地理。就像天地那样没有什么不承载，没有什么不覆盖；又像四季的交错运行，日月的交相辉映。万物一起生长而互不妨害，道路同时并行而互不冲突。小的德行如河水一样长流不息，大的德行使万物敦厚纯朴，这就是天地的伟大之处啊！

第三十一章

　　本章通过三个方面来讲述"至圣"：首先讲圣人的内涵；其次讲圣人的智慧；再次讲圣人的影响。在谈到内涵时，认为圣人应具有以下几方面：睿智、宽裕、刚毅、中正、明察；在谈到智慧时，用源头奔腾流淌、天浩瀚无垠来形容；谈到影响时，从种群到地域，人们都会尊敬、亲近他。

　　唯天下至圣，为能聪明睿知[1]，足以有临也[2]；宽裕温柔[3]，足以有容也；发强刚毅[4]，足以有执也[5]；齐庄中正[6]，足以有敬也；文理密察[7]，足以有别也。溥博渊泉[8]，而时出之[9]。溥博如天，渊泉如渊。见而民莫不敬[10]，言而民莫不信，行而民莫不说[11]。是以声名洋溢乎中国，施及蛮貊[12]。舟车所至，人力所通，天之所覆，地之所载，日月所照，霜露所队[13]，凡有血气者，莫不尊亲，故曰配天。

【注释】

[1] 聪明睿知：知，同"智"。耳听敏锐叫聪，目视犀利叫明，思想敏捷叫睿，知识广博叫智。

[2] 临：居上而临下。

[3] 宽裕温柔：广大宽舒，温和柔顺。这里是形容仁。

[4] 发强刚毅：奋发强劲，刚健坚毅。

[5] 执：决断，固守。

[6] 齐庄中正：整齐庄重，公平正直。

[7] 文理密察：文章条理，周详明辨。

[8] 溥（pǔ）：周遍。

[9] 时出：随时发见于外。

[10] 见：同"现"，出现。

[11] 说：同"悦"。

[12] 蛮貊（mò）：南蛮北貊，古代对边远少数民族的称呼。

[13] 队：同"坠"。

【译文】

唯有天下至圣之人，才能明察事理、明白道理、通达智慧，有智慧，才足以有统治、管理的能力。唯有度量宽宏、知识丰富、温文儒雅、柔情待人，才足以有容纳万物的胸怀。唯有刚健、强大、有毅力，才足以保持正道。唯有平等、端庄、守中、执政，才足以让人尊敬。唯有文明、理智、严密、明察，才足以有区别的能力。他就像广博的流水，时常出现在大地。他的出现使人们尊崇，他的话语使人们信服。所以圣人的名字享誉中华大地，并传播到边远地区。凡是船和车辆到达的地方，凡是人们走过的地方，凡是天空覆盖的地方，凡是大地所能承载的地方，凡是月亮能照耀的地方，凡是霜露坠落的地方，凡是有血气的人，没有不尊敬的，所以说圣人可以与天相匹配。

第三十二章

本章由"至诚"最后讲到"至圣"。指出"大经""大本",只有圣人才能做到。通过理顺"大经",使"大本"立起来,这样崇高的道德才会独立挺立,并且无须依托任何载体。这是"浩浩其天"的圣人才能了解的道理。本章极力渲染"至圣"和"道"的同一性。

唯天下至诚,为能经纶天下之大经[1],立天下之大本[2],知天地之化育。夫焉有所倚?肫肫其仁[3]!渊渊其渊[4]!浩浩其天[5]!苟不固聪明圣知达天德者[6],其孰能知之?

【注释】

　　[1]经纶:此处引申为治理。大经:常道,如五伦。

　　[2]大本:根本的德行,如仁、义、礼等。

　　[3]肫肫(zhūn):诚恳的样子。

　　[4]渊渊:静深的样子。

　　[5]浩浩:广大的样子。

［6］固：实在。达天德者：通晓天赋美德的人。

【译文】

唯有天下至诚的人，才能掌握治理天下的规范，树立天下最根本的道德，知道天地孕育万物的道理。除了至诚还有什么可依靠的呢？至诚的人，他的仁德是如此诚恳！他的思想像潭水一样深邃！他孕育万物的胸怀像天空一样宽广！假如不是真正德匹天地的人，谁又能够知道这个道理呢？

第三十三章

本章是中庸的结尾，重点在于强调德行的实施。从天道到人道，从知到行，从理论到实践，从"君子笃恭"到"天下平"，既回到与《大学》相呼应的人生进修阶段上，又采取《中庸》全篇的观点加以概括。同时指出来圣人的最高境界：德行犹如鸿毛！

《诗》曰："衣锦尚[1]。"恶其文之著也[2]。故君子之道，暗然而日章[3]；小人之道，的然而日亡[4]。君子之道，淡而不厌，简而文，温而理，知远之近，知风之自，知微之显，可与入德矣[5]。

【注释】

[1] 衣（yì）：穿衣。此处作动词用。尚：加。

[2] 著：鲜明，耀眼。

[3] 暗然：隐藏不露。日章：日渐彰显。

[4] 的（dì）然：鲜明显著的样子。

[5] 入德：进入道德之门。

【译文】

《诗经》说："身穿锦衣，外面再穿一件罩衫。"这是厌恶锦衣的花纹太明显。所以，君子之道隐藏不露而日益彰明；小人之道外表显露而日益消亡。君子之道，平淡而让人不厌，简略而有文采，温和而有条理，由近知远，由风知源，由微知显，这样就可以进入道德的境界了。

《诗》云："潜虽伏矣，亦孔之昭[1]！"故君子内省不疚[2]，无恶于志[3]。君子之所不可及者，其唯人之所不见乎？

【注释】

[1]孔：很。昭：明显、明白。

[2]内省（xǐng）不疚：内心经常反省，没有什么愧疚。

[3]无恶于志：无愧于心。

【译文】

《诗经》说："虽然潜藏得很深，但也被看得很明显。"所以君子自我反省没有内疚，也就无愧于心了。君子的德行之所以高于普通人，大概就是因为这些不被人关注的地方吧？

《诗》云："相在尔室[1]，尚不愧于屋漏[2]。"故君子不动而敬，不言而信。

【注释】

[1]相：注视。尔室：你的居室。

[2]不愧于屋漏：此处以屋漏指代申明，指心地光明，不在暗中做坏事。

【译文】

《诗经》说："看你独自在室内的时候，是不是能做到无愧于神明。"所以，君子在未做任何事之前就怀有恭敬之心，在未说话之前就先有诚信之心。

《诗》曰："奏假无言[1]，时靡有争[2]。"是故君子不赏而民劝，不怒而民威于斧钺。

【注释】

[1]奏假无言：在心中默默祈祷。奏假，祈祷。无言，没有说话。

[2]靡（mí）：没有。

【译文】

《诗经》说："祭祀时默默祈祷，肃穆无言没有争执。"

所以，君子不用赏赐，百姓也会互勉，不用发怒，百姓也会比斧钺的刑罚更畏惧。

《诗》曰："不显惟德[1]，百辟其刑之[2]。"是故君子笃恭而天下平。

[1] 不显：即大显。不，通"丕"，大。

[2] 百辟（bì）：很多诸侯。刑：通"型"，示范、仿效。

【译文】

《诗经》说："宏扬天子的德行，诸侯们都会效仿。"所以，君子笃实恭敬就能使天下太平。

《诗》云："予怀明德[1]，不大声以色[2]。"子曰："声色之于以化民，末也。"

【注释】

[1] 怀：归向，趋向。明德：具有美德的人。

[2] 以：与。色：严厉的脸色。

【译文】

《诗经》说："我怀念文王的美德，他从不厉声厉色。"

孔子说："用厉声厉色去教育老百姓，是最拙劣的行为。"

《诗》曰："德辖如毛[1]。"毛犹有伦[2]。"上天之载，无声无臭。"至矣！

【注释】

[1] 辖（yóu）：古代一种轻便的车，引申为轻。

[2] 伦：比。

【译文】

《诗经》说："德行轻如鸿毛。"轻如鸿毛还是有行迹可比。《诗经》又说："上天孕育万物，既没有声音也没有气味。"这才是最高的境界啊！

附录　朱熹《中庸章句序》

中庸何为而作也？子思子忧道学之失其传而作也。盖自上古圣神继天立极，而道统之传有自来矣。其见于经，则"允执厥中"者，尧之所以授舜也；"人心惟危，道心惟微，惟精惟一，允执厥中"者，舜之所以授禹也。尧之一言，至矣，尽矣！而舜复益之以三言者，则所以明夫尧之一言，必如是而后可庶几也。

盖尝论之：心之虚灵知觉，一而已矣，而以为有人心、道心之异者，则以其或生于形气之私，或原于性命之正，而所以为知觉者不同，是以或危殆而不安，或微妙而难见耳。然人莫不有是形，故虽上智不能无人心，亦莫不有是性，故虽下愚不能无道心。二者杂于方寸之间，而不知所以治之，则危者愈危，微者愈微，而天理之公卒无以胜夫人欲之私矣。精则察夫二者之间而不杂也，一则守其本心之正而不离也。从事于斯，无少间断，必使道心常为一身之主，而人心每听命焉，则危者安、微者著，而动静云为自无过不及之差矣。

夫尧、舜、禹，天下之大圣也。以天下相传，天下之大事也。以天下之大圣，行天下之大事，而其授受之际，丁宁告戒，不过如此。则天下之理，岂有以加于此哉？自是以来，圣圣相承：若成汤、文、武之为君，皋陶、伊、傅、周、召之为臣，既皆以此而接夫道统之传，若吾夫子，则虽不得其位，而所以继往圣、开来学，其功反有贤于尧舜者。

然当是时，见而知之者，惟颜氏、曾氏之传得其宗。及曾氏之再传，而复得夫子之孙子思，则去圣远而异端起矣。子思惧夫愈久而愈失其真也，于是推本尧舜以来相传之意，质以平日所闻父师之言，更互演绎，作为此书，以诏后之学者。盖其忧之也深，故其言之也切；其虑之也远，故其说之也详。其曰"天命率性"，则道心之谓也；其曰"择善固执"，则精一之谓也；其曰"君子时中"，则执中之谓也。世之相后，千有余年，而其言之不异，如合符节。历选前圣之书，所以提挈纲维、开示蕴奥，未有若是之明且尽者也。

自是而又再传以得孟氏，为能推明是书，以承先圣之统，及其没而遂失其传焉。则吾道之所寄不越乎言语文字之间，而异端之说日新月盛，以至于老佛之徒出，则弥近理而大乱真矣。然而尚幸此书之不泯，故程夫子兄弟者出，得有所考，以续夫千载不传之绪；得有所据，以斥夫二家似是之非。

盖子思之功于是为大，而微程夫子，则亦莫能因其语而得其心也。惜乎！其所以为说者不传，而凡石氏之所辑录，仅出于其门人之所记，是以大义虽明，而微言未析。至其门人所自为说，则虽颇详尽而多所发明，然倍其师说而淫于老佛者，亦有之矣。

　　熹自蚤岁即尝受读而窃疑之，沉潜反复，盖亦有年，一旦恍然似有以得其要领者，然后乃敢会众说而折其中，既为定著《章句》一篇，以俟后之君子。而一二同志复取石氏书，删其繁乱，名以《辑略》，且记所尝论辩取舍之意，别为《或问》，以附其后。然后此书之旨，枝分节解、脉络贯通、详略相因、巨细毕举，而凡诸说之同异得失，亦得以曲畅旁通，而各极其趣。虽于道统之传，不敢妄议，然初学之士，或有取焉，则亦庶乎行远升高之一助云尔。

　　　　淳熙己酉春三月戊申，新安朱熹序

【译文】

　　《中庸》为什么而作呢？子思忧虑关于"道"的学问失传，所以才作的。大概远自上古，具有神圣的德行和高位之人，承继天命，建立了至极之理，道统便流传下来了。现在还可以从经书中看到的，有"允执厥中"，这是尧传位给舜的时候所说的话；还有"人心惟危，道心惟微，惟精惟一，允执厥中"，这是舜传位给禹的时候所说的话。尧的一句话，就已经把理讲清楚了，完全包容了至极之内容。而舜又加上了三句，是为了更好地说明尧所说的那句话的前后关联，因为只有明白了前后关联才能比较好地理解"道"的精微之处。

我对这些话作一个总说，要知道，人心是空虚灵动能知能觉的，每个人的心自然只有一个，那么又有人心、道心的不同是什么原因呢？这是因其生成有别，人心生于个人形体气质，道心是人性命中的正理，但人的知见能力和觉悟有所不同，不能识别人心，则危殆而不安；不能识别道心，则道心微妙难以显现。然而，既然是人，就没有不具有形体的，所以即便是在智力方面堪称"上智"的人，不能没有"人心"，也没有不具有道心这种本性的，所以即便是在智力方面虽为"下愚"的人，也不可能没有"道心"。"人心"和"道心"两者，都杂处于人心这块方寸之地，如果人自身不能去治理它，自然"人心"越来越危殆，"道心"的微妙更难以显现。那道心的这至公天理就无法战胜个人的私欲。所以，必须用精察严求于二者之间，使天理不杂一毫私欲，必须用专一护守天理之公这个本心，一刻也不能离开它。长期坚持如此，没有片刻间断，使天理之公的道心，长为一身之主，自私自利的人心就会服从道心，这样就会每每转危为安，道心的微妙之处就会显现。人在动静之间，说话做事，就不会有过头和不及的差错了。

尧、舜、禹都可以说是天下的大圣人了。以天下最高权位相传，这是天下的大事。以天下的大圣人，做传天下最高权位的大事，在相传之际，叮咛告诫，不过如此，则天下的道理，还有比这更重要的吗？从此以后，圣人与圣人相承，其中有像成汤、文王、武王这样的君王，有像皋陶、伊尹、傅说、周公、召公这样的大臣，都是接续了道统的真传。像我们所尊敬的孔老夫子，虽然本人没有前人那样的权位，然而，由于其继承了以往圣人开创的道统，为后来的学者开辟了道路，功德方面甚至还远胜于尧、舜这样的君王。

然而，在那个时候，对于道统能由"见"而能达到"知"的境界的，只有颜氏、曾氏而已。这两人的传续，可说是真正体悟到了道统的宗旨。其后由曾氏再往下传，又传至孔老夫子的孙儿子思。在子思那个时候，学界已与孔子的圣学相去甚远，各种异端邪说已经繁衍起来。子思惧怕时日愈久远则道统的真正学问也会流失得愈多，所以按照尧舜相传的本来之深意，验证平日从父辈和老师之处所得到的见闻，相互参照演绎，写成《中庸》此书，以将道统的精髓诏告于后世的学者。正因为子思的忧思极为深刻，所以其言语也就极为恳切；也正因为其思考极为深远，所以其论说也就极为详备。子思说"天命率性"，就是说关于"道心"的方面；子思说"择善固执"，就是说关于"精一"的方面；子思说"君子时中"，正是说的"执中"啊。子思距前圣已有一千多年，然而其所说的话仍和前圣没有什么差异，好像符节一样。在所有前圣的书籍之中，像此书这样纲目清晰、思想深刻、说明详尽的却并不多见。

到后来此书又再传至孟子，使此书能进一步得到推崇说明，从而继承了先圣的道统，可惜孟子去世之后，此书却逐渐被湮没而使道统失传。而我们所说的道，总是将其深意寄托在言语文字之间，然而异端之说却不止于此，手法花样翻新，日新月异，以至于老学和佛学的教徒们无处不在，其说看似与道统之理相合，实则是大大搞乱了真正的道理。还算有幸，此书并没有完全泯灭，所以出了程氏兄弟这样的人，对其加以仔细考察研究，接上了断了一千多年的圣学主脉，并以此书论点为据，驳斥老学和佛学两家似是而非的谬论。

从这个方面来看，子思的功绩是巨大的，但假若没有程氏兄弟，还是不能从子思言语中把握他的思想。说起来实在可惜，程氏的学说不能传下来，而石氏所辑录的那些资料，都只不过是出自于程氏的门人之手而已，所以虽然其大义还在，然而深微之处却没有剖析清楚。至于其门人自己的言论，虽然显得比较详尽并还有许多发挥和说明，但背离师说，沾染了老学和佛学的论调，这样的见解，也是有的啊。

我本人早年在父师们的教导下研读此书，心中也一直有着不少疑问，沉思求索、反复玩味，也有多年，一旦恍然大悟，似乎得到了其中的要领之后才敢于将各家之说融汇起来，比较选取适中的观点，编定这篇《章句》，等待今后读者指正。并和几位志同道合的人，把石氏之书，反复选择，删掉繁复错乱的地方，更名为《中庸辑略》。把那些记载论辩取舍之意的言论，另编为《中庸或问》，附在书的后面。这样《中庸》的宗旨，枝分节解、脉络贯通、详略相因、巨细毕举。而关于诸说之同异得失，也得以曲畅旁通，而各极其义趣。虽说对于承续道统，不敢随便议论，但对于初学的人，或有可取的地方，也许会对他们在人生的远行和攀登中有所帮助。

淳熙己酉春三月戊申，新安朱熹序

鬼谷子

第一章　捭阖

"捭阖"，意为开合。陶弘景题注说："捭，拨动也；阖，闭藏也。凡与人言之道，或拨动之令有言，示其同也；或闭藏之令自言，示其异也。"捭阖乃是"与人言之道"，所谓"与人言"，这里指纵横策士的游说。捭阖，具体地讲是一种谈判术，是指通过语言引导别人打开心扉，说出实情或是使对方沉默，显露真情；反过来也是一样，游说者自己或捭或阖以达到目的。通过试探来看对方的表现。鬼谷子深知语言在人类社会的重大作用，就像古人的警世名言说的那样"一言兴邦，一言丧邦"。所以，鬼谷子提出，作为游说者一定要有时可以开口说话，有时则应当闭口沉默，有时不妨松弛、宽厚，有时不妨紧张、严厉。要根据各人的特点，采取相应的对策。以开闭之术控制自己的嘴巴，使得心声的出入有规律，那么就是掌握了说话的技巧，掌握了人间的大谋略！通过游说中的应对、较量最后达到"乃可以纵，乃可以横"，而无敌于天下！这些靠游说、靠言辞平天下的人被称为"纵横家"。

阴阳，作为宇宙万物分别具有相互对立的两种属性，早在西周时期就获得了广泛解释自然与社会现象的普遍意义。到了春秋战国时期，以"阴阳"为中心的学说成为一个哲学派别，逐渐活跃起来。这一学派中，有的学者致力于用阴阳范畴研究自然天道，如邹衍的阴阳学说；还有的则致力于用阴阳研究社会人事，《鬼谷子》即为代表。

不过纵横家主张不轻易用兵、不公开用兵，或在动武之前就以纵横捭阖之术达成军事目的，这一点倒近似兵家的"不战而屈人之兵"和"上兵伐谋、其次伐交、再次伐兵、其下攻城"的原则。所以鬼谷子主张管兵的人必须是大智大勇，"材质不惠，不能用兵"。主张谋之于阴，成之于阳，也就是说在暗中、不知不觉已经以实力战胜了对手。似是指一种军事威慑力量的运用，如苏秦的六国白马之盟，就有不战而屈人之兵的效果。

本章内容可以分成两部分。前半部分言捭阖之原理，分为三层：即捭阖之定义，捭阖之术用于游说之原理及捭阖之术如何运用。何谓捭阖？捭阖即阴阳开合，一阳一阴，或开或合，变化无穷。为何可用捭阖之术来游说？故捭阖之术可用于处理人际关系，尤其可用于处理说客与国君（或权臣）的关系上，可用在说客游说技术设计中。捭阖之术如何应用于实践？本章提出"捭"

就是"开"，主要是针对对方而言，让对方"开"，暴露真实意图，从而为我所利用；"阖"则是针对己方而言，己方要"合"，要密而自保；这是运用捭阖之术的总原则。

后半部分言捭阖之术在游说中如何具体运用。纵横策士主要依靠口谈来游说。捭，即开，即言；阖，即闭，即默。捭阖之术可用于游说。口开即阳，口默即阴。

本章可视为辩士纵横捭阖的理论基础。之后的《反应》《内揵》《抵巇》《飞箝》《忤合》等五篇的立论即是以此篇为基础的。

粤若稽古[1]，圣人之在天地间也[2]，为众生之先[3]。观阴阳之开阖以名命物[4]，知存亡之门户[5]，筹策万类之终始，达人心之理，见变化之朕焉[6]，而守司其门户[7]。故圣人之在天下也，自古及今，其道一也[8]。

【注释】

[1] 粤若稽古：此句与《尚书·尧典》开头相同，意在强调捭阖是历史经验的遗留，借托古以自重。粤若，发语词，无义。稽，考。陶弘景注："若，顺；稽，考也。"陶弘景的解释意思是"如果顺着往上考察古代的历史"，句意亦通。

[2] 圣人：《鬼谷子》理想中彻底掌握纵横学术的人。

[3]为众生之先：按，"道"产生"圣人"，"圣人"产生"万物"，故圣人为众生先。这里实际上揭示了《鬼谷子》的宇宙生成模式：道—圣人—万物众生。

　　[4]观阴阳之开阖（hé）以名命物：意谓阴阳生物，圣人命名。故陶弘景注曰："阳开以生物，阴阖以成物。生成既著，须立名以命之也。"阴阳，中国古代的哲学概念，代表对立统一的两种属性。

　　[5]知存亡之门户：意谓纵横策士从事政治活动，有很大危险，务必要懂得生死存亡之辩证法，游说或计谋均须考虑一个国家或自我的生死存亡。陶弘景注："不忘亡者，存；有其存者，亡。能知吉凶之先见者，其唯知几者乎？故曰：知存亡之门户也。"

　　[6]见变化之朕：陶弘景注："万类之终始，人心之理，变化之朕，莫不朗然玄悟而无幽不测。故能筹策远见焉。"陶注从纵横家立论，意在强调纵横策士一旦明了万事万物发生发展之运动规律以及人之心理，即能发觉蛛丝马迹，准确预知事物的趋势，以便趋利避害，获得成功。朕，行迹，预兆。

　　[7]守司其门户：意谓纵横策士始终掌握背离死亡趋向生存的关键，以便在各国实际进行的合纵连横的实践活动中趋利避害，掌握主动。

　　纵观古代的历史，可以知晓圣人是天地间芸芸众生的引导者和领导者。圣人能够根据阴阳开合的变化来判断、分析，对事物进行客观评价，对未来进行预期，从而认识事物的客观规律。圣人知道万物生死存亡的内在规律，顺势谋定顺应自然万物从产生到死亡的全过程，并能从意识、行为等方面，看见人内心的细微变化，掌握事物发展的一般规律。所以，圣人从古到今，他们的作用都是差不多的。

　　变化无穷，各有所归[1]，或阴或阳，或柔或刚，或开或闭，或弛或张[2]。是故圣人一守司其门户，审察其所先后，度权量能，校其伎巧短长[3]。

【注释】

　　[1]变化无穷，各有所归：纵横家所主张的避亡趋存的原则不变，但是在现实生活中的具体做法随情况变化而千变万化。无论怎样变化，最后都能达到"避亡趋存"的目的。

　　[2]"或阴或阳"四句：或阴、阳，或柔、刚，或开、闭，或弛、张，亦皆属于捭阖之日常表现。针对不同对象，处理的方式方法不同，或捭或阖，随势而变。

[3]度权量能，校（jiào）其伎巧短长：陶弘景注："权，谓权谋；能，谓才能；伎巧，谓百工之役。言圣人之用人，必量度其谋能之优劣，校考其伎巧之长短，然后因材而任之也。"

【译文】

万事万物的进化虽然是没有终点的，但是都以趋利避害，将自己的基因遗传下去作为它们的归宿。有的表现为隐性，有的表现为显性；有的表现为怀柔，有的表现为简单粗暴；有的表现为开放，有的表现为自闭；有的表现为闲适，有的表现为紧张。因此，圣人掌握了事物的二分法，就能审时度势、统筹兼顾，治大国若烹小鲜，利用事物的优点去完成相应的事情。

夫贤不肖、智愚、勇怯有差[1]，乃可捭，乃可阖[2]；乃可进，乃可退；乃可贱，乃可贵，无为以牧之[3]。审定有无与其实虚[4]，随其嗜欲以见其志意。微排其所言而捭反之[5]，以求其实，贵得其指[6]；阖而捭之，以求其利。

【注释】

[1]夫贤不肖、智愚、勇怯有差：陶弘景注："言贤

不肖、智愚、勇怯，材性不同，各有差品。"贤，贤人，德才兼备的人。不肖，即不肖之人，这里与"贤人"相对，意为无德无才的人。差，次第，等级。

［2］乃可捭（bǎi），乃可阖：意谓根据每个人的禀性采取或捭或阖的策略。陶弘景注："贤者可捭而同之，不肖者可阖而异之；智之与勇可进而贵之，愚之与怯可退而贱之。"捭，开。

［3］无为以牧之：即根据对象之阴阳，而施以阴阳，顺其自然，即能成功。陶弘景注："贤愚各当其分，股肱各尽其力。但恭己无为牧之而已矣。"

［4］审定有无与其实虚：按，这里的"有"与"无""实"与"虚"皆是相对概念，由"阴阳"而生发。审定，仔细思考而断定。

［5］微排其所言而捭反之：按，此言查知对方志意的方法。可以从对方的言辞中来推知，办法是己方先采用"阖"的办法，暗中排查对方所说的话，找到缺陷之处，然后采用"捭"的方式故意地反问过去。陶弘景注："凡臣言事者，君则微排抑其所言，拨动而反难之，以求其实情。"陶注以为君臣之间问答，亦可；实则可以不限于君臣之间。微，暗中，不被对方察觉。排，排查。

［6］贵得其指：意即贵在得到对方真实意图。指，通"旨"。

【译文】

人区别于动物的最大特点除了制造工具和使用工具，再一个就是差异性，有的是德才兼备的贤人，有的是无德无才的宵小之辈；有的人运筹帷幄，有的人愚不可及；有的人坚强勇敢，有的人怯懦胆小。圣人会根据每个人的天赋秉性，因材施教，分别采用或捭或阖、或进或退、或贱或贵的方法和手段，顺应每个人的特点来驾驭他。如果要弄清对方的意愿，弄清对方的实际情况，一般情况下，是顺着他的潜意识、前意识和行为来推测出对方心里的真实意图。可以分析、检验对方言辞，然后依据已知情况反问过去，基本能得到与事实相符的结论，首先了解对方的欲求；先"阖"后"捭"，最终实现利益最大化。

或开而示之，或阖而闭之。开而示之者，同其情也；阖而闭之者，异其诚也[1]。可与不可，审明其计谋，以原其同异[2]。离合有守，先从其志。即欲捭之贵周，即欲阖之贵密[3]。周密之贵微，而与道相追[4]。

【注释】

[1]"或开而示之"六句：意谓己方与对方实情相同则开而示之，对方不愿以实情相告则己方亦不告以实情，即闭而阖之。陶弘景注："开而同之，所以尽其情；阖而异之，

所以知其诚也。"诚，实。

[2]"可与不可"三句：意谓己方如何应对对方，行还是不行，一定要找到双方的共同点和不同点。陶弘景注："凡臣所言，有可有不可，必明审其计谋以原其同异。"原，察，探究。

[3]即欲捭之贵周，即欲阖之贵密：按，此言运用捭阖之注意事项。用捭之策，贵在考虑周到全面；用阖之策，贵在隐秘不宣。陶弘景注："言拨动之，贵其周遍；闭藏之，贵其隐密。"冯叔吉对此句评论说："苏子之党，仰庆吊变，说匿情以据缴乘危，即是祖此。"

[4]周密之贵微，而与道相追：按，道，先秦道家认为是宇宙的本原。道的状态是混沌、无名，《老子》第二十五章说："有物混成，先天地生。"

【译文】

如果希望对方了解自己的真实情况，重要的是考虑周详，如果不希望对方了解自己的真实情况，最重要的是严守机密。让对方松懈，是为了侦察对方的情况；让对方紧张，是为了动摇对方的信心，所有这些都是为了使对方的实力和计谋全部暴露出来。上述办法在实际操作过程中，首先是要清楚对方的目的和诉求，然后适时而动。如果要用"捭"的方式，一定要做到面面俱到；如果要用"阖"

的方式，一定要做到天衣无缝。周到、严密还要注意隐蔽，隐蔽的最佳效果就像"道"一样微而不显。

　　捭之者，料其情也；阖之者，结其诚也[1]。皆见其权衡轻重[2]，乃为之度数。圣人因而为之虑，其不中权衡度数，圣人因而自为之虑[3]。

【注释】

　　[1]"捭之者"四句：意谓用捭使对方开，而对其虚实进行辨别；辨别清楚之后用阖，确定下来对方的实情。陶弘景注："料谓简择，结谓系束。情有真伪，故须简择；诚或无终，故须系束也。"料，忖度，估量。这里指了解。结，系，固结。诚，实。

　　[2]皆见其权衡轻重：意谓对方权衡轻重，皆为我所知。权，秤锤。衡，秤杆。

　　[3]"圣人因而为之虑"三句：意谓圣人皆擅长见机行事，进则为他人设计，退则为己设计。尹桐阳注："乱世而退隐不仕是圣人之自为虑者。"

【译文】

　　用捭使对方开放，而对其虚实进行辨别；辨别清楚之后用阖，确定下来对方的实情。圣人都是根据对方实际需要的轻重缓急来揣度对方所想，然后再顺其所想而为对方作出谋划。圣人会为此而自谓封闭，或者是通过封闭来自我约束；或者是通过封闭使别人被迫离开。

故捭者，或捭而出之，或捭而内之[1]；阖者，或阖而取之，或阖而去之[2]。捭阖者，天地之道。捭阖者，以变动阴阳，四时开闭，以化万物[3]。纵横反出，反覆反忤，必由此矣。

【注释】

[1]"故捭者"三句：意谓捭使对方"开"，或其实情出而被我所知；或其心意开而接纳我之意见。陶弘景注："谓中权衡者，出而用之；其不中者，内而藏之也。"

[2]"阖者"三句：意谓阖为闭合，或为己合而使自己有所获取；或为己合使自己躲过祸患。陶弘景注："诚者，阖而取之；不诚者，阖而去之。"

[3]以化万物：陶弘景注："阴阳变动，四时开闭，皆捭阖之道也。"化，化育。

【译文】

用捭可以使对方的真实情况暴露出来，或让对方接受己方的建议；用阖能使己方有所获取，或使己方顺利地躲过祸患。开放和封闭是世界上各种事物发展变化的规律。捭阖，能够使阴阳发生变动，阴阳变动产生四季，通过一年四季的开始和结束使万物发展变化，是为了促进事物的发展变化。不论纵横与反复都必须经过开启和闭藏来实现。

捭阖者，道之大化，说之变也[1]。必豫审其变化[2]，吉凶大命系焉[3]。口者，心之门户也；心者，神之主也[4]。志意、喜欲、思虑、智谋，皆由门户出入。故关之以捭阖，制之以出入。

【注释】

[1]"捭阖者"三句：意谓捭阖乃大道变化最重要的表现形式，游说中变化擒纵，都依于捭阖之理。所以如果要游说成功，必先掌握捭阖之术。

[2]必豫审其变化：意谓或捭或阖，必先预测其可能发生的情况或趋势。

[3]吉凶大命系焉：意谓捭阖用得好不好，直接关系到人的生死存亡。所以，运用捭阖之术，务必格外小心。

[4]"口者"四句：古人认为"心"为思维器官，思虑由心产生，而心中所想，又皆由口出。人的精神住宿在心，所以说心为"神之主"。

【译文】

开启和关闭是世界运行规律的变化，是游说时应变的关键。游说前一定要对各种变化事先了然于胸，吉凶死亡的关键全系于捭阖。口是心灵的门户，心是精神的居所。心所产生的意志、欲望、思虑、智谋等，都要通过这个门户来表露，所以要通过开启与闭合之术来把握和控制。

捭之者，开也，言也，阳也；阖之者，闭也，默也，阴也[1]。阴阳其和，终始其义[2]。故言长生、安乐、富贵、尊荣、显名、爱好、财利、得意、喜欲，为"阳"，曰始[3]。故言死亡、忧患、贫贱、苦辱、弃损、亡利、失意、有害、刑戮、诛罚，为"阴"，曰终[4]。诸言法阳之类者，皆曰始，言善以始其事；诸言法阴之类者，皆曰终，言恶以终其谋。

【注释】

[1]"捭之者"八句：陶弘景注："开言于外，故曰阳也；闭情于内，故曰阴也。"

[2]阴阳其和，终始其义：意谓从开始到结束，都以捭阖行之。陶弘景注："开闭有节，故阴阳和，先后合宜。故终始义。"

[3]"故言长生"三句：长生等九者使人能够生存下

去，代表积极、进步的趋向，为"阳"，这也是人为什么要奋斗的动力和起点。此处可见《鬼谷子》倡导积极的人生态度，并以获得这些功名利禄为人生的出发点。此种人生态度后成为纵横策士之指导思想。

[4]"故言死亡"三句：死亡等十者使人的生存受到损害，代表倒退与死亡，为"阴"，凡是遇到类似情况，都要竭力避免。

【译文】

捭就是开放，就是开口言说，就是阳；阖就是闭，就是缄默不语，就是阴。阴阳相互调和，从开始到结束，都以捭阖的道理去实践。所以说，把凡是有关长生、安乐、富贵、尊荣、显名、爱好、财利、得意、喜欲的，都视作"阳"，称为"始"。把凡是有关死亡、忧患、贫贱、苦辱、弃损、亡利、失意、有害、刑戮、诛罚的，都视作"阴"，称为"终"。凡是那些说遵循阳气的人，都称作"始"，以谈论"善"开始行事；凡是那些遵循"阴"道进行游说的，都称作"终"，以谈论"恶"为结果。

捭阖之道，以阴阳试之[1]。故与阳言者，依崇高；与阴言者，依卑小[2]。以下求小，以高求大[3]。由此言之，无所不出，无所不入，无所不可[4]。可以说人，可以说家，可以说国，可以说天下。为小无内，为大无外[5]。益损、去就、倍反，皆以阴阳御其事[6]。

【注释】

[1]捭阖之道，以阴阳试之：意即从阴阳两方面来试探用之。尹桐阳注："道，言也。试，用也。"陶弘景注："谓或拨动之，或闭藏之。以阴阳之言试之，则其情慕可知。"

[2]"故与阳言者"四句：意谓对品行高尚的人，就要和他说高尚之事；对品行卑劣的人，就要与他说卑小之事，这样游说较易成功。陶弘景注："谓与阳情言者，依崇高以引之；与阴情言者，依卑小以引之。"阳，指具有积极的人生态度，积极进取、做事果断、品行高尚的人。阴，指具有消极的人生态度，消极畏惧、做事优柔寡断、品行低贱的人。

[3]以下求小，以高求大：按，此言要顺应人性之特点去游说。

[4]无所不可：在任何情况下都可以。

[5]为小无内，为大无外：意谓处理小的事情，不能仅从事物的内部着眼；处理大的事情，也不能光看事物的外部，要用辩证的观点来对待。

[6]益损、去就、倍反，皆以阴阳御其事：意谓在游说中，或言辞谋略有增或减，或离开所说对象，或投靠所

说对象，又或是另投他主等，一切都要根据实际情况来判断并作出决定。

【译文】

运用开启和闭藏的法则，都需要从阴阳两个方面来检验。所以与品行高尚的人言说，就要说积极向上的事；与品行卑劣的人言说，就要说龌龊不堪的事。以低下来求取卑小的，以崇高来取索庞大的。按照这样的方法进行言谈，没有什么事情不能了解，没有什么事情不能探索，没有什么事情不能实现。照这样去游说，可出可入，没有什么地方是不可以去的。用捭阖之术，可以游说普通人，可以游说大夫，可以游说诸侯国的国君，可以游说周天子。向自己的的内心探索没有限制，向外在的事物探究也没有边界，只要辩证地对待即可。益损、去就、背反，都是用阴阳开合之道来驾驭。

阳动而行，阴止而藏，阳动而出，阴隐而入。阳还终阴，阴极反阳[1]。以阳动者，德相生也；以阴静者，形相成也[2]。以阳求阴，苞以德也；以阴结阳，施以力也[3]。阴阳相求，由捭阖也[4]。此天地阴阳之道，而说人之法也。为万事之先，是谓圆方之门户。

【注释】

［1］阳还终阴，阴极反阳：按，此言阴阳之间相互转化。陶弘景注："此言君臣相成，由阴阳相生也。"

［2］"以阳动者"四句：按，此句言万物生成。《鬼谷子》认为，万物皆有形体与精神。阳动，道迈开生成万物第一步，此时"德"已经生成"精神"；阴静，万物的形体生成，精神与形体合一，物乃生成。德，赋物以精。形，物之形体。

［3］"以阳求阴"四句：按，此言"德形合一"的过程，是研究《鬼谷子》宇宙生成模式的重要资料。

［4］阴阳相求，由捭阖也：意谓以阳取阴，或以阴取阳，均应遵循捭阖之术。陶弘景："君臣所以能相求者，由开闭而生也。"陶注仍从君臣关系角度立论，以为君臣之间相互选择，可参。

【译文】

阳就是行动、前进，阴就是静止、藏匿，阳是活动外出，阴是隐藏潜行。阳气运行最终复归于阴，阴气运行最后返归于阳。增加阳气的人，道德感就会增加；增加阴气的人，就会形成安静的气场。从阳的方面去追求阴，要以道德包容对方；从阴的方面去追求阳，就要走出暗处实际去做。阴阳之间相互依赖，这是由捭阖之道决定的。这就是天地之间阴阳运行的总规律，是游说他人的基本方法论。捭阖是处理万事之本，也就是所谓"天地的门户"。

第二章　反应

本章的内容实际是阐释了一种循环往复的思考方法。在对客体的观察中，只有循环往复地思考才能接近事件的客体，获得真知。

反，谓反观对方；覆，谓审察自己。反，反过来站在对方立场看问题；覆，站在对方立场看问题后，鬼谷子认为，对其事物要"重之、袭之、反之、复之"，万事不失其辞。

再审察自己现在的做法。如果要探悉对方实情（即知彼），制定对应的策略，必须要从正反两个方面来反复推敲，经过多次验证，才能成功。

本文说到的"反应术"主要包括"钓语""象比之辞""反听"和"见微知类"等数种。

所谓"钓语"，即隐瞒自己的真实意图，故意说一些启发性或试探性的话语，以诱导对方说出真情。钓必有钩，"钩"就是自己的意图，但是这个意图必须隐藏在诱人的"饵"下面。"饵"就是引诱性或启发性的话，"以无形求有声"，此"钓人之网"。本章还提出了把握对方谈话之道的"钓言之道"。所谓"钓言之道"就是让人家说出真话，这是发挥主观智能的高招。钓言时要掌握对方情况，辨清对方是真情还是诡诈。历史及现代生活中许多谍报的事件，都发人深省他说明行"钓言之道"反复观察以知事物真相的重要。

"反听"，即逆向思维，从正反两个方面反复倾听。或反观对方，或审察自己；或站在对方立场，或回到自己的做法来反思。总之在言辞对答中，己方要发挥主观能动性，主动发出信息，即用言语、动作、表象等去拨动对方、试探对方，观察研究对方的反应，分析反馈回来的信息，以侦知对方的真情。文中说"反之覆之，万事不失其辞"，所说就是各种实情都可以通过言辞反复试探而得知。

本章是《鬼谷子》中关于如何得到对方情报信息的一篇专论。纵横策士在国际舞台上活动，必先对当时各诸侯国的政治、经济、军事、外交、文化、地理、人口等各方面的情况，以及各诸侯国国君、朝中大臣的智慧和能力等有所了解。这些情报信息是游说或设谋献策的基础。所以《鬼谷子》在第一篇安排《捭阖》，将立论基础阐明之后，就用本章来专门论述得到对方情报信息工作的重要性。可见，《反应》篇是反映纵横家思想的重要篇章。

古之大化者[1]，乃与无形俱生[2]。反以观往，覆以验来[3]；反以知古，覆以知今；反以知彼，覆以知己[4]。动静虚实之理，不合于今，反古而求之。事有反而得覆者，圣人之意也[5]，不可不察[6]。

【注释】

[1]大化：即混沌初开，阴阳变化以生天地、化育万物的自然界生成与变化过程。在《鬼谷子》中，这一过程为圣人所掌控，如《捭阖》篇曰："捭阖者，道之大化。"《本经阴符七篇》曰："造化者，亦谓大化。"所以过去的注家把大化解释成圣人。

[2]乃与无形俱生：圣人掌控万物生成，所以说与道俱生。

[3]反以观往，覆以验来：俞棪说："《老子》曰：'万物并作，吾以观复。'此反覆之说之所由本也。"反，同"返"，返回来。覆，回覆。

[4]"反以知古"四句：按，此言反应之术乃是通过考察以往，预知将来，在知己基础上，遍知一切事物的总方法。因为相似的社会背景与相近的环境条件下的社会事件有着质上的一致性和类同性，这样便可以以古推今，对自然事物或社会事件加以认识。

[5]事有反而得覆者，圣人之意也：运用"反"的手

法都能得到"覆"。因为反与覆是阴阳的表现，阴阳之间的转化使得反必得覆，所以说是圣人之意。

[6]不可不察：意谓必须看到由反得覆是由阴阳之道决定的。

【译文】

在古代能以无上的真理来教化人们的圣人，其所作所为都能暗含自然的发展变化。圣人处事都是从事物正反两个方面反复思考的。回到过去可以预期现在，身处现在可以洞见未来；以史为镜可以知兴衰，再回首以检视当下，活在未来，享受当下；反观对方以自省，即以人为镜可以明得失。动和静、虚与实的道理，如果与今天不相符合的，就返回到古代去寻求答案。任何事情都可以通过运用"反"而得到"覆"，这是圣人教导我们的，我们要严肃对待。

人言者，动也；己默者，静也。因其言，听其辞[1]。言有不合者，反而求之，其应必出[2]。言有象[3]，事有比[4]，其有象比，以观其次[5]。象者象其事，比者比其辞也。以无形求有声[6]。其钓语合事，得人实也。其犹张置网而取兽也，多张其会而司之。道合其事，彼自出之，此钓人之网也[7]，常持其网驱之[8]。

【注释】

[1]因其言，听其辞：意即根据对方所说言辞来判断言辞背后的实情和意图，这样得到的信息是可靠的。所以陶弘景注说："以静观动，则所见审；因言听辞，则所得明。"因，根据，依靠。

[2]"言有不合者"三句："不合者"情形，一般有：其一，说者所言不是己方意图所指，呈现矛盾，令己方不知对方实情，故返回而诘难之，其情必出；其二，说者言辞前后不一致，令己方无从知晓其本意，故抓住其言辞矛盾之处反问论难之，其情也必出。

[3]言有象：此有二义：一就对方所言，指言语一旦说出来，信息就流布在外。象，即形于外者；二就己方而言，游说时，为了让对方容易理解并接受自己的主张，可先设形象，以通俗易懂的方式表达出来，此方式亦可谓之象征。象，即形象。

[4]事有比：此亦有二义：一曰比喻，打比方；二曰类比，以历史上或现实中同类事物作类比。陶弘景注："比谓比例。"即用事例作类比的意思。

[5]其有象比，以观其次：意谓"象比"只是手法，应该看到"象征"手法背后，以及用来作"比"的历史事例背后的真实意图。

[6]以无形求有声：意谓运用象、比手法游说，能在

无形之中得到对方的响应。象、比手法，皆不直说，其实情隐藏于背后，所以说是无形。对方回应，则为有声。陶弘景注："理在玄微，故无形也。无言则不彰，故以无形求有声。"

[7]"多张其会而司（sì）之"四句：陶弘景注："张网而司之，彼兽自得。道合其事，彼理自出。言理既彰，圣贤斯辨，虽欲自隐，其道无由。故曰钓人之网也。"陶说实针对君用贤臣而论，以君下网，臣为兽，君要善于设网钓贤臣来为己服务。此说未免狭隘。俞樾说："盖谓钓取人之言语，合之其人之行事而得其实，犹之乎张置网而取兽也。"俞樾说更合乎本意。会，聚集。这里指野兽经常出没的地方。司，通"伺"，侦察。

[8]常持其网驱之：陶弘景注："持钓人之网，驱令就职事也。"

【译文】

别人在说话，是动；自己沉默不说，是静。根据对方说的话，听出对方言辞中透露的真实想法，要根据别人的言谈来体会他的深意。对方言辞透露出的意思与己方想要得到的不相符合，就运用逆向思维的方法来探求对方的真实意图，对方的回应必定满足己方的需要。言语中有"象"，事物中有"比"，通过"象"和"比"的手法来探求言辞背后隐藏的真实意图。所谓"象"就是模仿事物，所谓"比"，就是类比言辞。然后以无形的规律来探求有声的言辞。因为采用象、比手法皆不直说，故能于无形之中而得到对方回应，了解到对方的实情。如果使用象、比手法引诱的话能合于对方所想，就可以刺探到对方的实情。真实的信息将为我所得。这就像张着兽网捕猎野兽一样，只要在野兽出没的地方多设一些网，守株待兔，就一定能捕捉到野兽。针对对方使用的方法只要切合事理，对方自然就会暴露实情，如果把捕野兽的这个办法也能应用到人事上，那么对方也会自己出来的，这是钓人的"网"。

其不言无比，乃为之变。以象动之，以报其心，见其情，随而牧之[1]。己反往，彼覆来，言有象比，因而定基[2]。重之袭之，反之覆之，万事不失其辞[3]。圣人所诱愚智，事皆不疑[4]。故善反听者，乃变鬼神以得其情[5]。其变当也，而牧之审也[6]。牧之不审，得情不明；得情不明，定基不审。

【注释】

[1]"以象动之"四句：意谓用寓言或其他形象化的手法来暗合其内心，以此来使其实情显现出来，了解到对方的实情后，就可有针对性地驾驭他。

〔2〕"已反往"四句：陶弘景注："已反往以求彼，彼必覆来而就职，则奇策必申。故言有象比，则口无择言。故可以定邦家之基也。"已反往，彼覆来，意即我们发出揣测言辞，对方应答，如此多次反复。言有象比，因而定基，意谓对方应答之辞中有事物形象，有同类可比照之事物，可以因此而确定对方的行动意图，己方也因此能确定应对之谋略。定基，确定根本。

〔3〕"重之袭之"三句：意谓反反复复，处理事情的对策就不会有过失。

〔4〕圣人所诱愚智，事皆不疑：陶弘景注："圣人诱愚则闭藏以知其诚，诱智则拨动以尽其情。咸得其实，故事皆不疑也。"诱，引导。愚智，愚昧的人和智慧的人，这里概指所有的人。

〔5〕故善反听者，乃变鬼神以得其情：按，此言反听术之要领，即变换各种手法，制造各种表象，发出多种言辞去试探对方，以拨动对方心弦，使对方开口说话，而得其真情。

〔6〕其变当也，而牧之审也：意谓如果应变的策略得当，就能详尽考察对方。

【译文】

如果对方沉默不言，或其言辞中没有用来作推理、类比的信息，这时就要变化谈话的方式、方法，用"法象"来使对手感动，进而考察对方的思想，使其暴露出实情，进而控制对手。己方与对方这样经过几个来回之后，通过揣摩对方言辞之中的"象"和"比"来了解对方的底细，己方就能确定应对的基本策略了。像这样翻过来覆过去，任何事都可以从对方言辞中察知。圣人把反听之法用于任何人或事，都不会有差错。所以，善于逆向思维的人，就会变得像神鬼一样变幻莫测。己方言语应变得当，就能详尽考察对方。不能详尽考察对方，主要是对对方的实情不明了；向对手一再诘问，反反复复，所有的事情都可以通过说话反映出来，圣人可以诱惑愚者和智者，这些不必再怀疑。

变象比，必有反辞，以还听之[1]。欲闻其声反默，欲张反敛，欲高反下，欲取反与[2]。欲开情者，象而比之，以牧其辞。同声相呼，实理同归。

【注释】

　　[1]"变象比"三句：意谓纵横策士在游说时，根据需要变换所言之形象或历史事例，对方因此变化而作反应，我方则从反馈的信息中获取对方真情。

　　[2]"欲闻其声反默"四句：按，这是纵横家为人处

世的辩证法，是对阴阳捭阖原理的具体运用。此句承《老子》而来。《老子》第三十六章说："将欲歙之，必固张之；将使弱之，必固强之；将欲废之，必固兴之；将欲夺之，必固与之。是谓微明。"

【译文】

如果对对方实情不明了，就要用"变象比"的方法，不断变换己方言辞中透露出来的"象"和"比"，对方一定有反应的言辞，然后己方再反复思考。总之，想听到对方的声音，己方反而先要静默；想让对方张开，己方反而先要收敛；如果想升高，己方反而要先下降；如果想取得，反而先要给予对方好处。要让对方"开"而露出实情，就通过"象"和"比"综合使用的办法，来驾驭言辞。价值观相同就会彼此呼应，看法一致就会走到一起。

或因此，或因彼，或以事上，或以牧下[1]。此听真伪，知同异，得其情诈也[2]。动作言默，与此出入，喜怒由此以见其式[3]。皆以先定为之法则。以反求覆，观其所托，故用此者[4]。己欲平静以听其辞，察其事，论万物，别雄雌[5]。虽非其事，见微知类[6]。若探人而居其内，量其能射其意，符应不失，如螣蛇之所指，若羿之引矢[7]。

【注释】

[1]"或因此"四句：陶弘景注："谓所言之事，或因此发端，或因彼发端，其事有可以事上，可以牧下也。"上，上司。下，指下属。

[2]"此听真伪"三句：意谓反听之法可以辨别真伪，知悉同异，识别真诚与伪诈。

[3]"动作言默"三句：意谓用反听之法，对方行动言语，内心喜怒哀乐，无论与己合或不合，都能按规范掌控。陶弘景注："谓动作言默莫不由情，与之出入。至于或喜或怒，亦由此情以见其式也。"言默，言为开，默为阖。

[4]"以反求覆"三句：陶弘景注："反于彼者，所以求覆于此。因以观彼情之所托，此谓信也。知人在于见情，故言用此也。"托，对方言辞背后的实情。

[5]"己欲平静以听其辞"四句：意谓己方要平心静气来听对方的言辞，察明事理，议论万物，分别好坏。

[6]见微知类：从事物的细微征兆来认识同类事物的类别、实质和发展趋势。陶弘景注："谓所言之事，虽非时要，然观此可以知彼，故曰见微知类也。""见微知类"推理术的关键是"明类"，即准确判断"所见"之"微"与所推之事是否为同类，若类同，推出之结果便是必然的。所以即使不是同一事物，只要是同类便可推理。

[7]如腾（téng）蛇之所指，若羿（yì）之引矢：陶弘

景注："闻其言则可知其情。故若探人而居其内，则情原必尽。故量能射意，万无一失，若合符契。螣蛇所指，祸福不差。羿之引矢命处辄中。听言察情，不异于此。故以相况也。"螣蛇，传说中能飞的神蛇。

【译文】

反听之法，或者用在此处，或者用在彼处，或者用来侍奉上司，或者用来驾驭下属。这种方法能够有效地听到实情或不实之情，知道与己方是同或是异，能够看出对方是真诚或是伪诈。对方外在的身体行动或者内心的喜怒，都要事先确定法则。用逆向心理来追索其过去的精神寄托。所以就用这种反听的方法。自己要想平静，以便听取对方的言辞，考察事理，论说万物，辨别雄雌虽然这不是事情本身，但是可以根据轻微的征兆，探索出同类的大事。这就像可以读懂对方心中所想一样来探测人一样，知悉对方的能力，捕捉对方的意图。这种方法就像螣蛇所指祸福不差，后羿发箭必定命中那样百步穿杨。

故知之始己，自知而后知人也[1]。其相知也，若比目之鱼；其见形也，若光之与影[2]。其察言也不失，若磁石之取针，如舌之取燔骨[3]。其与人也微，其见情也疾[4]。如阴与阳，如圆与方[5]。未见形，圆以道之；

既见形，方以事之^[6]。进退左右，以是司之。己不先定，牧人不正。事用不巧，是谓忘情失道。己审先定以牧人，策而无形容，莫见其门，是谓天神。

【注释】

[1]故知之始己，自知而后知人也：按，此言重在"知己"。《孙子兵法》云："知彼知己者，百战不殆。"孙武强调知彼知己，而且知彼在前，知己在后，知彼比知己更加重要。与孙子不同，《鬼谷子》则更强调知己。以为知彼建立在知己基础上，知彼是从知己类推而得，即所谓"自知而后知人也"。

[2]"其相知也"四句：知己以后知人，就像比目鱼一样，见其中一鱼，则必知其二；就像有光必定能看到影子一样。陶弘景注："我能知彼，彼须我知，必两得之，然后圣贤道合。故若比目之鱼，圣贤合则理自彰，犹光生而影见也。"

[3]"其察言也不失"三句：意谓自知之后，得他人之情，如磁铁取针、舌之取燔骨一样容易。陶弘景注："以圣察贤，复何所失。故若磁石之取针，舌之取燔骨也。"陶注说君主得贤臣就像磁石取针、舌之取燔骨一样容易，与上句一样，从君臣关系立论。舌之取燔（fán）骨，用舌头从烤肉中褪出骨头，喻轻而易举。

［4］其与人也微，其见情也疾：意谓自知之后，己方给对方少，而得到对方回报多而快。与人，指己方给对方信息。见情，指知见对方实情。

［5］如阴与阳，如圆与方：意谓自知之后，实施游说或进行计谋，像阴阳无处不在那样可以对任何人和事运用它，而它又像画圆画方需用规和矩那样在使用时应遵循一定的规则。陶弘景注："君臣之道，取类股肱比之一体，其来尚矣。故其相成也，如阴与阳；其相形也，犹圆与方。"阴与阳，圆与方，皆相对应。这里当泛指一切事物。

［6］"未见形"四句：意谓如果未见对方实情，则说一些迎合对方的话，以引导他泄出实情；如果已经得到对方实情，则按照己方已经设计好的对策去行事。陶弘景注："谓臣向晦入息，未见之时，君当以圆道之，亦既出潜离隐，见形之后，即以才职任之。"

【译文】

所以要想掌握情况，要先从自己开始，只有了解自己，然后才能了解别人。自知与了解他人，就像比目鱼一样，是两两并列而行的。对方一现形，就像光一样显露出来，己方就像影子一样，立即捕捉到对方的实情。己方做到了自知，侦察对方的言辞，就像用磁石来吸取钢针，用舌头来获取焦骨上的肉一样万无一失。己方给予对方的少，而得到对方的实情却是又多又快。无论用于"阴"或者"阳"的情况，"圆"或者"方"的事物，都可以得心应手。如果未见到对方实情，则说一些迎合对方的话，引导对方说出实情；如果得到对方实情，那么就按照己方已经设计好的对策去行事。是进还是退，都是据此来定夺。总之，如果自己不事先确定策略，统帅别人也无法步调一致。做事没有技巧，叫做"忘情失道"，自己首先确定斗争策略，再以此来统领众人，策略要不暴露意图，让旁人看不到其门道所在，这是获得对方实情的最高境界。

第三章　内揵

　　内，指内心世界。揵，通"楗"，闭塞之开关，即锁。内揵，字面的意思是从内心深处锁住。本章意为通过适当地游说探知君主内心，并从内心与之结交。古代君臣关系是很难处的。君王声威赫赫，臣子也常在"一人之下，万人之上"，不可一世，然而二者的关系是很微妙的。君王应怎样明鉴清醒，臣子应如何保其本位，进退有度，则是一门大学问。在纵横家理论中，打开君主的内心世界，只有用言辞去游说，而游说的内容是为君主出谋划策，帮助对方解决疑难。本章旨在说明：游说之士如何打开君主的内心世界，打动君主，赢得君主对自己的信任，使双方的关系像锁和钥匙一样亲密无间。陶弘景题注说："揵者，持之令固也。言君臣之际，上下之交，必内情相得，然后结固而不离。"即是鬼谷子的主导思想，也是人之常情，得"情"自合，而失"情"则自去，才是建功立业的根本。

　　本章内容主要由内揵的方法与原则两个部分所组成。

　　关于内揵的方法。由于君臣之间存在复杂的关系，

"有远而亲，近而疏，就之不用，去之反求。日进前而不御，遥闻声而相思"，所以国君的内心世界是很难被窥破的。正因为如此，才需要"内揵"之法。那么，如何才能打开君主的内心世界呢？方法是"或结以道德，或结以党友，或结以财货，或结以采色"，从国君外在的爱好来窥探其内心世界。

战国时期处于社会大变革时期，战争连年，礼崩乐坏。面对复杂的天下与国内局势，只有足够高的智慧才能应付，于是出现崇拜智慧的社会风气。在古代，游说君王的谋士们，灵活机警之徒，不自傲，往往成功。危言、直言不易被他人接受。以情动人，以理动人，以义动人常常有效。那些掌握土地、人口、军队的诸侯国君，他们个人的智慧和力量已经很难适应瞬息万变的局势，各诸侯国内原有的思想与社会制度也已经不能适应新的时代要求，各诸侯国为了生存，都不拘一格地选择人才和使用人才。过去的按血统、出身授官的用人制度逐渐被唯才能、智力而取士的新制度所替代。在此社会背景下，政治舞台上出现了一批士子。这些士子没有高贵的出身、丰厚的资产，有的只是知识、智慧和谋略。本章也是就此问题的一篇专论。

君臣上下之事，有远而亲，近而疏[1]，就之不用，去之反求[2]。日进前而不御，遥闻声而相思[3]。事皆有内揵，素结本始[4]。或结以道德，或结以党友，或结以财货，或结以采色[5]。用其意，欲入则入，欲出则出；欲亲则亲，欲疏则疏；欲就则就，欲去则去；欲求则求，欲思则思。若蚨母之从子也，出无间，入无朕，独往独来，莫之能止。

【注释】

[1] 远而亲，近而疏：此言君臣关系，有身远反得到亲近，身近反遭疏远。按，这是对君臣关系作的辩证论述。志同道合则亲，反之则疏。亲疏，指实际的信任程度。

[2] 就之不用，去之反求：陶弘景注："非其意则就之而不用，顺其事则去之反求。"就，靠近。用，任用。求，征召。

[3] 日进前而不御，遥闻声而相思：陶弘景注："分违则日进前而不御，理契则遥闻声而相思。"陶注"分违"，意即缘分相违背。

[4] 事皆有内揵，素结本始：意谓欲知国君内心，并从内心与国君相缔结，务必从根本的事情上做起。

[5] "或结以道德"四句：陶弘景注："结以道德，谓以道德结连于君。若帝之臣，名为臣，其实为师也。结以党友，谓以友道结连于君。王者之臣，名为臣，其实为友

也。结以货财，结以采色，谓若桀纣之臣，费仲、恶来之类是也。"

【译文】

君臣上下之间的事，有的距离远却关系亲密，有的距离近却关系很疏远，这是很难预料的。有些人每天都晋见君主却不受欢迎，有些人距离遥远却能与君主互相听到彼此内心的声音。有的人要离开反而被君主所诏求；有的人天天出现在君主面前也得不到任用，有的人只是远远听到他的名声，君主就朝思暮想要得到他。这都是由于内心相知的程度不同所致，本源于君臣之间平时的结交。有的以道德结交，有的以志趣相投的朋友之道相结交，有的以财物相结交，有的以美色娱乐相结交。顺着君主之意，那么，你就能想入就入，想出就出；想亲就亲，想疏就疏；想靠近就能靠近，想离开就能离开；想自己得到征召，就能得到征召；想让君主思念自己，就能让君主思念。就像青蚨母子相随而不分离一样，出与入都没有缝隙行迹，自由自在地往来，没有人能够阻止。

内者，进说辞也[1]；揵者，揵所谋也[2]。欲说者，务隐度[3]；计事者，务循顺。阴虑可否，明言得失，以御其志[4]。方来应时[5]，以合其谋[6]。详思来揵，往

/ 169 /

应时当也。

【注释】

[1]内者，进说辞也：即以言辞交结君主。陶弘景注："说辞既进，内结于君，故曰内者进说辞也。"

[2]捷者，捷所谋也：意谓捷就是向君主进献计谋，以计谋来打通阻塞，得到君主的信任。陶弘景注："度情为谋，君必持而不舍，故曰捷者捷所谋也。"捷所谋，如何用计谋来打通阻塞。

[3]欲说者，务隐度：按，言此策士游说时，应先暗中揣度君王之心意、品质，投其所好而游说，则所说必成。

[4]"阴虑可否"三句：意谓自己先暗中思虑成熟，知悉事情可否后，再公开说出行事之得失，以此来迎合君主意志。

[5]方来应时：意谓进献计谋要契合时机。方，计谋。应时，切合时宜。

[6]以合其谋：按，此言计谋既合君心，又合时势要求，必与君主之谋划相合。合其谋，合于君谋。

【译文】

所谓"内"，就是向君主游说，以言辞来结交君主；所谓"捷"，就是向君主论讲谋略，以谋略来消除隔阂，得到君主的信任。想要游说君王的，务必要先悄悄地揣测君王的心理；暗中揣测君主的真实想法和意图；要想向君主进献计谋时，必须顺着君主的意愿。暗中分析是可是否，透彻辨明所得所失，然后向君主阐明利弊得失，从而掌握君王的思想意志。进献计谋要选准时机，对方一旦有应，即进献以迎合国君的谋虑。先须经过详细周密的计谋，然后去回应君主，这样通过以变通的方法求得君王的采纳，就像以钥匙开锁一样顺理成章。

夫内有不合者，不可施行也[1]。乃揣切时宜，从便所为，以求其变。以变求内者，若管取捷[2]。言往者，先顺辞也；说来者，以变言也[3]。善变者，审知地势，乃通于天，以化四时；使鬼神，合于阴阳，而牧人民[4]。见其谋事，知其志意[5]。事有不合者，有所未知也[6]。合而不结者，阳亲而阴疏[7]。事有不合者，圣人不为谋也。

【注释】

[1] 夫内有不合者，不可施行也：意谓如果策士进献说辞或者计谋不能契合国君内心，那么就不可付诸实行。

[2] 以变求内者，若管取捷：意谓己方若能根据形势及时求变，那么内结于君就像钥匙开锁一样容易。

[3]"言往者"四句：陶弘景注："往事已著，故言之贵顺辞；来事未形，故说之贵通变也。"按，此为游说原则之一。在游说中涉及已发生的事件，要用"顺辞"，即顺从君主之意的言辞，如此方能取得君主好感，博得君主任用；在游说中涉及还未发生的事件时，要用"变言"，即有变通余地的话，免得将来事件发生后，与自己所言不合，从而失去君主的信任。

　　[4]"善变者"七句：按，此言善变之重要。变，乃《鬼谷子》反复强调之策略。善变须做到：知地理形势、通四时变化规律、合于阴阳之道。明白这个道理，就可以明天意、役鬼神、牧人民。

　　[5]见其谋事，知其志意：陶弘景注："其养人也，必见其谋事而知其志意也。"志意，心志和意向所在。

　　[6]事有不合者，有所未知也：意谓如果所献计谋不合君意，那么还是对君意了解得不够透彻。

　　[7]阳亲而阴疏：君主表面上应和我方决策，但内心却不认可、不执行我方决策。

【译文】

　　凡是与君王谈论过去的事情，贵在顺应君王的心理加以合理的解释；凡是谈论未来的事情要采用变通，留有余地的言辞。善于审时度势的人，要详细了解地理形势，只有做到这样，那么达到目的就像用钥匙开锁一样，变被动为主动。游说时，涉及已发生事件，要用"顺辞"，即顺从君主之意的言辞；在游说中涉及还未发生的事件时，要用"变言"，即有变通余地的话。善于应变须做到知悉各国地理形势、精通天文四时的变化；这样就能做到役使鬼神，与阴阳之理相合，驱使民众。在了解君主谋划的事情时，要知晓君主实际的意图。所办的事情凡有不合君主之意的，是因为对君主的意图还没有摸透。如果对君主之意了解不多，即使己方主动迎合他，也不能得到君主发自内心的真诚信任，表面上与己方亲近而暗地里却很疏远。如果不符合君主的诉求和目的，那么君主是不会为其思虑和规划的。

　　故远而亲者，有阴德也；近而疏者，志不合也[1]。就而不用者，策不得也；去而反求者，事中来也[2]。日进前而不御者，施不合也；遥闻声而相思者，合于谋以待决事也[3]。故曰：不见其类而为之者见逆，不得其情而说之者见非[4]。得其情，乃制其术。此用可出可入，可揵可开。故圣人立事，以此先知而揵万物。

【注释】

　　[1]"故远而亲者"四句：按，此回应上文"远而亲，

近而疏"。阴德，意谓暗中合于君心。阴，暗中。德，通"得"。阴德与"志不合"对言，故其言当为志暗合。

[2]"就而不用者"四句：按，此回应上文"就之不用，去之反求"。意谓亲近时反而不被重用，是因为对事情的预测及计策不被国君接受；离去反而求他回来，是因为其预测之事后来终于应验了。

[3]"日进前而不御者"四句：按，此回应上文"日进前而不御，遥闻声而相思"。意谓计谋或措施一定要与君主相合，得到君主认可。如果不能与君主相合，就是天天在君主眼前也不会得到重用，而如果计谋与君主所需相合，就是距离很远，君主也会想念你，想和你共同谋划以决定事项。陶弘景注："谓彼所行合于己谋，待之以决其事，故遥闻声而相思也。"施，措施。

[4]不见其类而为之者见逆，不得其情而说之者见非：按，此即游说与计谋之总原则。意谓若不能找到双方的共通之处而仓促谋事，则必被排斥，得不到对方实情而实施游说，则必被否定。此处既强调得对方实情，又强调在得情之后所献之计谋与对方相合。

【译文】

所以那些空间距离远反而得到君主亲近的人，是因为他们与君主彼此相知相识；那些空间距离比较近的人反而被君主疏远的人，是因为他们与君主的价值观、世界观不一致。主动亲近反而不被任用的，是因为他的预测和策略不得于君主之心；革职以后反而又被起用的人，是因为他们对未来的预期都应验了。天天在君主面前不被任用的人，那是因为措施不合于君主之意；君主远远听到他的名声就朝思暮想要得到的人，那是因为他的计谋与君主相合，君主等待他来决策事情。所以说如果找不到双方的共通之处而仓促谋事，则必遭排斥；得不到对方的实情而实施游说，则必被否定。得到对方的实情，才能制定出有针对性的措施。应用此法指导实践，趋利避害，就可轻易地与君主的价值观相统一，使君主敞开心扉。所以圣人能成就事业，就是在了解事物的内在发展规律之上，对未来有完美的预期，这样才能运用自如，既能进献说辞，又可固守谋略。

由夫道德、仁义、礼乐、忠信、计谋[1]，先取《诗》《书》[2]，混说损益，议论去就[3]。欲合者用内，欲去者用外，外内者必明道数[4]。揣策来事，见疑决之。策而无失计，立功建德[5]。

【注释】

[1]由夫道德、仁义、礼乐、忠信、计谋：按，此言得情之后，进行游说时遵循"道德、仁义、礼乐、忠信"

的准则，尽量让言辞中蕴含的计谋产生正面的效应。因为这样更容易被君主所接受。

[2]取《诗》《书》：《诗》即《诗经》。先秦时称"诗"或"诗三百"，西汉时尊为经，称《诗经》。《书》即《尚书》。先秦时称"书"，西汉时尊为经，又称《书经》。

[3]混说损益，议论去就：意即游说时，策士往往要在所引用的《诗经》《尚书》等书中的词句中夹杂进自己的言辞，来议论事项，最后再决定留下辅助还是离开君主。

[4]"欲合者用内"三句：按，此言"内结于君"与"不合于君"两种情况，无论选择哪种都必须明白按规律去做。陶弘景注："内谓情内，外谓情外。得情自合，失情自去，此盖理之常也。言善知内外者，必明识道术之数。"内，入结于君。外，不合于君。外内，不苟合不取宠。道数，规律。

[5]策而无失计，立功建德：意谓所谋策略没有失算，就能取得成功。

【译文】

在游说圣人建功立业时，要顺着道德、仁义、礼乐、忠信、计谋等方面来进言，从《诗经》《尚书》中征引语句，在此基础上夹杂进自己的言辞，或增加或减少，来议论时局先依据引用《诗经》《尚书》验证自己的学说，然后综合研究有害还是有益，最后才能议论离去还是就任，决定自己是离开还是留下辅助君主。如果决定辅助君主，那么就要与君主的内心相交结；如果要离开，那么就不用去迎合君主的内心了。无论是用"外"还是用"内"，都必须符合与君主相处的规律。对遇到的疑难之事，先揣测清楚然后再出计谋解决它。计谋从来没有失策的，就能立功建立德业。

治名入产业，曰捷而内合[1]。上暗不治，下乱不寤，捷而反之[2]。内自得而外不留，说而飞之[3]。若命自来，己迎而御之。若欲去之，因危与之。环转因化，莫知所为，退为大仪[4]

【注释】

[1]治名入产业，曰捷而内合：意谓策士既要能帮助国君处理好君臣之间的职分，又能助其治理民众，这样国家就能得到治理。策士也能从内部打开君主，与之交结而得任用。

[2]"上暗不治"三句：意谓策士如果遇到君主昏庸，臣下作乱而不醒悟，那么就从内心里决定反回来，不再为其服务。

[3]内自得而外不留，说而飞之：意谓策士在游说时，

对那些内心自以为是，听不进别人意见的人，则假意赞扬、称颂他，博得其欢心和信任，然后再控制他，使其为我所用。

［4］"环转因化"三句：意谓或入或出，像圆环一样，随时作出应变。但如果自己对对方所为实在不知，己方对情势驾驭不了，那就赶紧退却，这是保全自身的基本法则。

【译文】

治理百姓安居乐业，就是君臣上下之情相契合。君主昏庸不行善政，百姓离乱不辨事理，就是上下之情不相契合。君主昏庸，国家得不到治理，臣民作乱，国君尚不悟而觉察，则可考虑返回，不再为其谋划。对于那些内心自以为是而不能采纳别人之说的君主，己方只能假意去称颂他，以钓取他的欢心。如果有君主之命来召己，那么就接受它侍奉它，然后使用它以行自己的意愿。如果要离开君主，就说自己继续留在君主身边将会危害到他，这样君主就自然会放行。去就之际反复权衡，见机行事，如圆环施转反复，以致使旁观者摸不清自己的真实意图。这才算是掌握了以退求进的最终原则。

第四章　抵巇

巇，缝隙。陶弘景题注："巇，衅隙也。"归有光说："巇，音僖，山险也，间隙也。"抵有二义，一作"抵"，击。《汉书·杜周传》的评赞中有"因势而抵陒"句，颜师古注解说："抵，击也。陒，毁也。言因事形势而击毁之也。"又说："一说陒读与巇同，音许宜反。巇亦险也。言击其危险之处。《鬼谷子》有《抵巇》篇也。"陶弘景题注："抵，击实也。"尹桐阳曰："抵字当同坻，堵塞之谓。"抵巇之意即堵塞缝隙。抵巇，既打击弱势，又有弥补弱势之意。陶弘景题注："墙崩因隙，器坏因衅，方其衅隙而击实之，则墙器不败，若不可救，因而除之，更有所营置，人事亦犹是也。"陶注是符合"抵巇"之意的。

本章从事物发展的一般规律入手，事物总有丰腴、残缺，人有高潮、失落，总有缝隙可寻，抵巇乃一种或弥补缝隙、或从缝隙入手破坏事物的处世之术。内容上主要包含抵巇之原理与抵巇之方法两个部分。

关于抵巇之原理。文中认为万事万物的生成与发展皆遵循自然法则，事物均沿着"合"与"离"两者在运行，不可避免地要出现罅隙。微小的问题是比较容易弥补的，所谓"巇始有朕，可抵而塞，可抵而却，可抵而息，可抵而匿"。因此，必须在问题比较小的时候，及时加以弥补，所谓"亡羊补牢犹未晚"，此谓抵巇之理也。如果小问题的出现没有引起注意，没有防微杜渐、未雨绸缪，那么最后只能是土崩瓦解，这就是事物发展的客观规律，不以我们人类的意志为转移。

本章所说观点，说明《鬼谷子》只可能产生于春秋战国的时代环境中。因为只有在春秋战国时期，有作为、有能力的臣子取代无能的君主的事件才经常发生。董仲舒在《春秋繁露·王道》中说"弑君三十二，亡国五十一"，《汉书·刘向传》也说"弑君三十六，亡国五十二"，都是说春秋时期，臣下犯上杀掉君主的有三十多例。

本章所阐述的"抵而得之"思想，就是"分肉之心"的具体表现，这在秦建立中央集权的君主专制制度以后是不可想象的。在游说的过程中，关于"抵"的对象可以分为两种，一种是对自身的"抵"，一种是对他人的"抵"；关于"抵"的方法也有两种，一种是修补，一种是利用。抵巇术在政治上多以利用为主，也就是所谓的投机取巧、乘虚而入。其手段主要就是通过对使用对象的弱点或缺陷加以利用来达到自己所要的目的，比如对方贪财、贪色、贪名等本身具有的"巇"，或是利用对方的生性多疑、刚愎自用等缺点来制造"巇"等。

当然，鬼谷子比孟子思想具有更加民主的内涵。孟子主张的臣取代君，还是限于同姓贵族之间，异姓之臣则不可以。这是受儒家思想约束的。自西周宗法制以来，中国一直实行是家天下的制度。这也是《鬼谷子》现代价值的一个方面。从全局来看：抵巇术成功运用的关键是要顺应事物发展规律，唯有如此，才能灵活运用"抵而塞之"或"抵而得之"的策略，使自己不断完善，对敌人也能找到克敌制胜的方法。

物有自然，事有合离[1]。有近而不可见，有远而可知[2]。近而不可见者，不察其辞也；远而可知者，反往以验来也[3]。巇者，罅[4]也。罅者，涧也；涧者，成大隙也[5]。巇始有朕，可抵而塞，可抵而却，可抵而息，可抵而匿，可抵而得[6]。此谓抵巇之理也[7]。

【注释】

[1]物有自然，事有合离：陶弘景注："此言合离者，乃自然之理。"李善《文选注》引云："鬼谷子曰：物有自然。"

[2]有近而不可见，有远而可知：意谓若不知物之自然属性，不明社会事件之分合规律，则发生在身边之事，也认识不了。

[3]"近而不可见者"四句：陶弘景注："察辞观行则近情可见，反往验来则远事可知。古犹今也。

[4]罅（xià）：裂缝，空隙。此处指小的缝隙。

[5]罅者，峒也；峒者，成大隙也：此言事物之发展趋势皆由小到大，若处理不善，则将崩毁。陶弘景注："隙大则崩毁将至，故宜有以抵之也。"

峒（jiàn），山与山之间的缝隙。此处指中等缝隙。

[6]可抵而得：按，上述四种皆从正面来说，这是从反面来说的。得，得到，取代。

[7]此谓抵巇之理也：按，以上几句乃说抵巇术之总方法。《鬼谷子》依阴阳立论，此五者亦当如此。前四者总归为"塞"，避免事态进一步扩大；后一归为"得"，取而代之也。合而观之，谓抵巇之理也。然"塞"占其四，不得已才"得"之，可见"堵塞"在"抵巇"术中占主导。

【译文】

事物都有其内在的发展规律，任何事情都有对立的两方面。是不以我们人类的主观意愿为转移的。有时近在眼前却看不到，有时远在天边却了解得很清楚。近在眼前却看不见的原因，是因为没有考察对方的言辞；远在天边却被认知，是因为己方能够返回历史，寻找历史上同类事例的解决办法，或经验、或教训，来比证今天。

所谓"蠘者"就是"瑕罅"，而"罅"就是容器的裂痕，裂痕会由小变大。小的裂缝在内部开始显示征兆的时候，可以用"抵"的方式来堵塞上；小的裂缝在外部出现的时候，可以用"抵"的方式来消除它；小的缝隙公开出现的时候，可以用"抵"的方式来让它闭息；小的缝隙在暗中成长的时候，可以用"抵"的方式来让它藏匿；如果小的缝隙已经大得不能弥补了，那么就用"抵"的方式来取代它。这就是"抵蠘"的道理。

事之危也，圣人知之，独保其身[1]。因化说事，通达计谋，以识细微[2]。经起秋毫之末，挥之于太山之本[3]。其施外，兆萌芽蘗之谋，皆由抵蠘。抵蠘之隙，为道术用[4]。

【注释】

[1]"事之危也"三句：陶弘景注："形而上者，谓之圣人。故危兆才形，朗然先觉，既明且哲，故独保其身也。"危，危险的征兆。

[2]"因化说事"三句：陶弘景注："因化说事，随机逞术，通达计谋以经纬，识细微而预防之也。"因化说事，顺应客观情况的变化来分析事物。

[3]经起秋毫之末，挥之于太山之本：意谓事理常常由细小缝隙而开始，如不弥补，发展下去就会动摇泰山的根基。

[4]抵巇之隙，为道术用：此言施策于外，须据抵巇之原理，当事物处于萌芽状态时，及时发现其罅隙，并想出计谋来堵塞它。陶弘景注："然则巇隙既发，乃可行道术。

【译文】

当事物出现危机的时候，圣人就能察觉，并且能采用适当的措施规避风险。在自保基础上，圣人再根据客观情况的变化来筹划计谋和制定弥补的策略，并运用此来辨识细微缝隙产生的原因。万事万物在开始时都像秋毫之末一样微小，如果任其发展下去由小到大会撼动泰山的根基，所谓千里之堤毁于蚁穴就是这个道理。所以如果要施策于外，必须根据抵巇的原理，在事物尚处在萌芽状态时，及时发现其罅隙，并想出新的计策来堵塞它。善于使用第一性原理，分析事物的本质，比较思维只能带来细小的迭代发展，而第一原理将带来颠覆性创新，这是圣人处理事情的根本方法。

天下纷错，士无明主，公侯无道德，则小人谗贼，贤人不用。圣人窜匿，贪利诈伪者作。君臣相惑，土崩瓦解而相伐射。父子离散，乖乱反目。是谓萌芽巇罅。圣人见萌芽巇罅，则抵之以法。世可以治则抵而塞之，不可治则抵而得之。或抵如此，或抵如彼。或抵反之，或抵覆之[1]。五帝之政，抵而塞之。三王之事，抵而得之[2]。诸侯相抵，不可胜数。当此之时，能抵为右[3]。

【注释】

[1]"或抵如此"四句：陶弘景注："如此谓抵而塞之，如彼谓抵而得之。反之谓助之为理，覆之谓自取其国。"

[2]"五帝之政"四句：按，此处列举"抵而塞之"与"抵而得之"两种情形。五帝时期，也出现过君主不明，世道混乱的情形，而贤人出现帮助君主治理天下，此即"抵而塞之"之例。

[3]当此之时，能抵为右：意谓在鬼谷子生活时代要崇尚"抵巇"之术。当此之时，当时的时代。

【译文】

动荡的世界，如果没有法律可以遵循，没有公平正义的领导者，那么统治阶级的道德就会沦丧，小人谗害贤臣贼害忠良，贤臣得不到重用。优秀的领导者逃离乱世隐居起来，贪婪奸诈的人就会兴风作乱，以万民为刍狗。领导者和统治阶级互相猜疑，各种势力之间互相攻讦，国家的形势面临着土崩瓦解的局面。而普通民众中也是父子离散，彼此反目为仇。这就是社会的集体道德出现了裂缝，开始进入群体无意识的"乌合之众"。圣人见到这种状态，就会用抵巇之法来处理。世道如果还能治，就运用"抵巇"之法采取措施来弥补，使之走上正轨。如果不可治，就运用"抵巇"之法，循其缝隙毁掉它，然后重新建立一个新的秩序。或者用抵巇之法达到弥补缝隙的目的，或者用抵巇之法达到取而代之的目的。或者用抵的手法反过来，或者用抵的手法倒过去。五帝时期，政治清明，偶有缝隙，用抵巇之法来弥缝漏洞。尧舜禹所做的事就是了解当时的残暴政治，从而夺得并重新建立政权。禹用疏导办法取代堵塞办法来治洪水，而商汤和文王就起来反叛，取代夏桀和商纣，重新建立新的秩序。诸侯之间互相征伐，斗争频繁，不可胜数，在这个混乱的时代，善于运用抵巇之法便是处理国家关系的上上之策。

自天地之合离、终始，必有巇隙，不可不察也[1]。察之以捭阖，能用此道，圣人也[2]。圣人者，天地之使也[3]。世无可抵，则深隐而待时；时有可抵，则为之谋。此道可以上合，可以检下。能因能循，为天地守神[4]。

【注释】

[1]"自天地之合离、终始"三句：按，此处交代了罅隙产生的原因。陶弘景注："合离谓否泰，言天地之道正观，尚有否泰为之巇隙，而况于人乎！故曰不可不察也。"尹桐阳曰："合离谓闭开，终始谓阴阳。"

[2]"察之以捭阖"三句：圣人善用"捭阖"之术去发现缝隙，然后以"抵巇"之术去驾驭。

[3]圣人者，天地之使也：圣人能明审天地自然之道，洞察社会人事，故称之为天地之使。陶弘景注："后天而奉天时，故曰天地之使也。"

[4]能因能循，为天地守神：陶弘景注："言能因循此道，则大宝之位可居，故能为天地守其神化也。"能因能循，意为遵循顺从自然之理。因，循。为天地守神，意谓能掌握天地间万事万物变化的规律。

【译文】

自从天地万物之间有合有离，有开始有终结以来，必然会产生裂痕，也就是所谓的不协调，发展的不均衡。这是不容易察觉的。若觉察到这一点，能够用抵巇之术加以掌控的，就是圣人。圣人是集合天地智慧的一个个体。当世道不需要"抵"的时候，就深深地隐居起来等待时机；如果有缝隙可利用的话，就为之策谋。用这个方法，可以聚集才智之士，助其治国；下可以管理民众，规范其行为，和谐、维稳地发展。如果能够顺应自然规律来运用，那么就能掌握亚里士多德的天地间一切变化的规律。

第五章　飞箝

"飞"，即飞语，虚假地赞美对方，获得对方的好感。"箝（qián）"，即钳制。飞箝，即故意褒奖对方，待对方戒心消除，内心的想法必有所表达，进而钳制对方的制人之术。

本章是《鬼谷子》中的制人术专论。所论飞箝术主要涉及目的、方法、对象等内容，讨论了飞箝的基本方法和基本策略。飞箝主要是因为与人处事必先获取对方信息实情，然后才好控制他。飞箝术的核心是选择合适的对象，即对方是否是明智之士，对于决断国家的安危大计是否有勇有谋，在处理人事关系上，态度是如何的；如果答案是否定的，那么对对方就可以使用飞箝术，反之则不用。飞箝术的内涵是"钩箝之辞"，在赞扬对方的话中，要暗中下钩，以言辞勾引出对方实情而加以钳制。赞扬他是为了己方控制他，或者说为了控制他才去赞扬他，此乃飞箝术实质。

其次论述使用飞箝的方法。主要有：根据情况先不断地积累赞扬，为彻底毁他做准备，即所谓"或先征之而后重累，或先重以累而后毁之"；也可以使用对方喜欢的物质来引诱刺激以达到目的，即"或称财货、琦玮、珠玉、璧帛、采色以事之"；或者根据实际情况来说飞箝之语，即"或量能立势以钩之"；也可以根据对方的缝隙漏洞，结合"抵巇"之法来实施，即"或伺候见而箝之"等。最后在具体实施过程中，须针对不同对象而行飞箝之术。文中列举了"用之于天下""用之于人"两种对象。

所谓"用之于天下"，就是针对诸侯国君主的飞箝术。将飞箝术用之于国君，必先了解该国综合情况：包括该国的经济、政治、军事、外交等，还须知悉历史、地理与人口情况，了解他的好恶、品行、性格、智力、才能、气度等，特别是要知悉他最关心最想解决的问题。如此才能确定使用何种"飞语"，然后针对其弱点，用飞箝之术去控制他。

所谓"用之于人"，就是针对普通人使用的"飞箝"术。用飞箝术控制常人，其权术分为两个步骤。第一步，知悉对方才能。想要控制对方，使其为我所用，必须先了解对方，知悉其意向、主张与我相同与否，对方的智慧所在、才能所长，是抓住控制他的关键。第二步，飞扬钩情。先用"飞语"的手段赞誉他，顺着对方的意愿说出对方喜欢听的话，抓住把柄之后，就去控制他，或用把柄胁迫他，或造舆论压抑他，使之屈从于己，而被我控制，然后任意驱遣对方。

本章在《鬼谷子》中占有重要地位，其所言制人之术与法家所言制人之术不同。飞箝术侧重利用对方的心理弱点来控制人的行为，在我国古代心理学史的研究上也值得关注。这一点也使得《鬼谷子》受到后世儒家广泛的批评，被认为是不讲道德的典范之一。

凡度权量能，所以征远来近[1]。立势而制事，必先察同异，别是非之语，见内外之辞，知有无之数[2]，决安危之计，定亲疏之事[3]。然后乃权量之，其有隐括，乃可征，乃可求，乃可用。

【注释】

[1]凡度权量能，所以征远来近：按，此言人们欲"立势而制事"，必失以度权量能，征远来近为基础。"飞箝"术是揣情得实之一种。就是诱导对方吐露真情的说话技巧。

[2]知有无之数：了解对方是否有真才实学。内，指内心真实想法。外，口之言说于外之言辞。

[3]亲疏之事：哪些人可以亲近重用，哪些人必须疏远排斥。

【译文】

通常人们权衡局势、揣测人心，必须广泛地从或远或近的各方面来获取信息，从事物的原因考虑问题，进一步掌握事物发展的客观规律。做一件事首先要有明确的态度，然后持之以恒，分析事物的成因，其前提必须先看到对方与己方是同还是异，了解对内、外的各种进言，掌握有余和不足的程度，分辨出对方言辞表面和背后的含义，知道对方和己方所拥有的或者没有的，在此基础上才能决断事关安危的大计，确定己方与对方或是亲近或是疏远之事。然后再在实践中加以检验衡量，对上述同或异、是或非、内或外、有或无等的做法加以调整和修改，如果还有不清楚的地方，就要进行研究，进行探索，使之为我所用。

引钩箝之辞，飞而箝之[1]。钩箝之语，其说辞也，乍同乍异[2]。其不可善者[3]，或先征之而后重累，或先重以累而后毁之。或以重累为毁，或以毁为重累。其用或称财货、琦玮、珠玉、璧帛、采色以事之[4]，或量能立势以钩之[5]，或伺候见涧而箝之[6]，其事用抵巇。

【注释】

[1] 引钩箝之辞，飞而箝之：钩，诱致。箝，钳制。飞而箝，假装宣扬对方，提高他的声誉，获得对方的好感

后，对方内情必露，己方因而可以钳制他。

［2］乍同乍异：乍，忽然。意为时而一致，时而相左。

［3］不可善者：即使用钩钳之法也难以诱惑的人。

［4］其用或称财货、琦玮（qíwěi）、珠玉、璧帛、采色以事之：意谓"飞"之手段达成后，对方实情必露，己方下一步要以财货、琦玮、珠玉、璧帛、采色等作诱饵来箝持住对方。琦玮，宝石美玉。称，举。

［5］或量能立势以钩之：意谓以正确衡量其才能酌情任用以立其势来箝持对方。"立势，确立控制对方之形势。

［6］或伺候见涧而箝之：意谓见对方缝隙、漏洞捕捉时机来箝持之。伺候，等待时机。

【译文】

有些人是喜欢听奉承的话，对这些人要用奉承的话，通过恭维来钳制对手，故意赞扬对方，为对方制造声誉，使对方高兴而泄露实情然后钳他。作为说辞的"钩箝之语"要根据形势而善于变化，偶尔赞同，偶尔反对，所谓太极也就是在这"一推一拉"之中让对方看不透你，进而产生好感。对那些做事严谨，不喜欢听到溢美之词的人，用飞箝之语难以相诱的人，可以先行放弃奉承的话题，假装宣扬对方，提高他的声誉，获得对方的好感后，对方内情必露，己方因而可以钳制他。一次飞箝不成，就反复使用，直到达到毁掉对方的目的。有时赞扬对方优点使其缺点暴露是诋毁，有时历数其缺点使他的优点显露出来，这也是一种重累飞箝的方法，其目的还是要最终诋毁他。逢迎对方的时候可以因地制宜、因时制宜，贵重的器物、美玉、珍珠、玉璧、丝帛、美女等等，也可以反复试探，然后再对他们进行攻击加以摧毁。有人认为，反复试探就等于是对对方进行破坏，有人认为对对方的破坏就等于反复的试探。

将欲用之于天下，必度权量能，见天时之盛衰，制地形之广狭[1]，岨崄之难易[2]，人民货财之多少，诸侯之交孰亲孰疏、孰爱孰憎，心意之虑怀[3]。审[4]其意，知其所好恶，乃就说其所重[5]，以飞箝之辞，钩其所好，以箝求之。

【注释】

[1]制：裁断。这里指判断。

[2]岨（zǔ）：同"阻"，险要。崄（xiǎn）：高险。

[3]心意之虑怀：按，以上谓将飞箝之术用于游说，则必以知对方国情为基础。对方国情包括天时、地形、人口、诸侯亲疏等综合国力。

[4]审：仔细观察。

［5］其所重：国君最关心、最急于解决的问题。

【译文】

　　将飞箝之术推广应用到诸侯国之间的斗争中去，打算连横合纵的话，一定要先有谋略，动之以情，晓之以理。能够看到天时是否助其盛或者使其衰，准确判断该国的地理形势，疆域是广大或狭小，地势险要是否易于攻战或据守，知悉其国人口多少、经济实力如何，了解这个国家与各诸侯国之间的关系是亲近或是疏远，君主喜欢哪个国家，讨厌哪个国家，君主耿耿于怀的心意是什么。观察君主的意图，了解他的喜好和憎恶，然后用他们关注的、感兴趣的东西和事物诱导他们，并用"飞箝"的言辞，请君入瓮，然后再来控制他，使他们能够遵从我们的意愿。

　　用之于人[1]，则量智能、权材力、料气势[2]，为之枢机[3]。以迎之随之，以箝和之，以意宣之[4]，此飞箝之缀[5]也。用之于人，则空往而实来[6]，缀而不失，以究其辞。可箝而从，可箝而横；可引而东，可引而西；可引而南，可引而北；可引而反，可引而覆。虽覆能复，不失其度。

【注释】

[1]用之于人：将飞箝之术用于常人。

[2]料气势：料，估量。气势，气概与声势。

[3]枢（shū）机：这里指关键。枢，门上的转轴。机，弩机，指安装在弩弓上控制发箭的装置。陶弘景注："枢，所以主门之动静；机，所以主弩之放发。"

[4]以意宣之：意谓用对方之意达到宣扬己方之目的。宣，宣扬，显示。

[5]缀，连结。高金体注："缀，连而相从也。"

[6]空往而实来：意谓己方往往没有付出却能够得到丰厚的回报。

【译文】

要将飞箝之术应用到实际生活中，则必须先考量对方的智慧、衡量对方的才干，估量他的气势。充分了解对方，所谓知己知彼，百战不殆。先迎合他、附和他，然后再用飞箝之术控制他，使对方心甘情愿地为自己的意志所驱使，这些用暗示、引导的方式，都是飞箝的方法。

飞箝之术用在与人沟通上，可用好听的话先笼络对方，套出对方的实情，使对方与自己关系紧密，并且不产生隔阂，然后再在其言辞上探究实情。做到这些，就能钳制对方，根据环境的要求，既能合作共享，又能针锋相对；

让对方去东西南北任何方向皆可；甚至可以让其去了回来，回来再去。反反复复，都始终在自己的掌控之中。

第六章　忤合

《太平御览》卷四百六十二引用本章称作《午合》篇。相背为"忤"，相向为"合"。忤合即趋向与背反之术。

"忤合"讲的就是灵活应变的谋略，鬼谷子先生认为世间的事物没有永远高贵的，也没有永远居于权威地位的，圣人应该"无所不作""无所不听"，使用"忤合"之术达到自己的目的。

俗话说"良禽择木而栖，良臣择主而事"，这句话很好地说明本章的意旨。与人主之合，实际上是很少的，大多是不合。不合即意味着背弃原来的君主，而非愚忠某一个君主。所以本章实际上也是讨论"忠"的问题。

鬼谷子的忠指忠于国家。"忠"还往往体现为为了国家的整体利益而竭尽生死的道德品质。在这个意义上，忠的含义还包括为"公"的思想。为"公"的人才能配得上称"忠"。"公"的观念一直是我国传统社会中居于主导地位的价值取向，体现了中国古人在政治领域和社会领域中朴素的公共理性。臣忠于君，不是愚忠，而是理性的、有条件的。早期的儒墨两家也认为臣忠君是有条件的。

本章所说的"反于此，忤于彼；忤于此，反于彼""计谋不两忠"，都是基于个人"私心"的选择，而不是像儒墨两家那样是基于"公心"。本章所说的"世无常贵，事无常师"，又说"成于事而合于计谋，与之为主"，都是以是否能实现自我的目的为中心。纵横家反对愚忠是建立在实现自我利益的基础之上的，这是纵横家区别于儒墨的本质所在。

忤合术是在战国纷争的特殊背景下产生的。当时各诸侯国之间，为了各自的利益时而联合，时而又相互攻伐。在这种情况下，各诸侯国往往都是和战不定，时而为了解眼前之围与此联合，时而为了长远利益与彼联合，错综纷乱，给纵横策士实施忤合之术提供了客观环境。

《忤合》篇中所说的"世无常贵，事无常师"，为纵横策士朝秦暮楚的行为提供了理论依据。而"成于事而合于计谋，与之为主"，即以能否实现自我的目的为中心，则褒扬了个性价值，体现了时代精神。

凡趋合倍反，计有适合[1]。化转环属，各有形势。

反覆相求，因事为制[2]。是以圣人居天地之间，立身、御世、施教、扬声、明名也[3]，必因事物之会[4]，观天时之宜[5]，因知所多所少，以此先知之，与之转化。

【注释】

[1]凡趋合倍反，计有适合：趋合，趋向于融合统一。倍反，朝背逆相反的方向发展。倍，通"背"。

[2]"化转环属"四句：化转，变化转换。环属，意即像圆环一样首尾相互连接。属，连接。

[3]御世、施教、扬声、明名也：御世：处理世事。施教：实施教化。扬声：振起声名。明名：显示名誉。

[4]因：顺着。会：指时机，关键。

[5]天时：自然运行的时序。这里指社会发展的状况与趋势。

【译文】

凡事都有两种形态，即融合统一或者分裂独立的两种趋势，尊重"趋同"与"叛逆"的客观规律，都是阳谋设计出来的。其实二者之间环转反复，互为因果，类似老子所说：祸兮福之所倚，福兮祸之所伏。用计施谋根据实际情况灵活运用，因时制宜、因地制宜，各种情况都能高屋建瓴，决胜于千里之外。所以圣人生活在世界上，立身处世都是为了说教众人，扩大影响，提升自己的知名度，扩大自己理论的影响。显示于外，必定顺着事物发展变化的规律，看准社会发展的状况与趋势的适当时机，国家哪些方面有余，哪些方面不足，都要从这里出发去掌握，并设法提前预期事物发展的方向。

世无常贵，事无常师[1]。圣人无常与，无不与；无所听，无不听[2]。成于事而合于计谋，与之为主[3]。合于彼而离于此，计谋不两忠，必有反忤[4]。反于此，忤于彼；忤于此，反于彼。其术也[5]。

【注释】

[1]贵，位尊。师，师法。

[2]"圣人无常与"四句：意谓圣人没有恒久不变的赞同，也没有恒久不变的听从。与，参与。这里指亲为。

[3]成于事而合于计谋，与之为主：意谓圣人欲成于事，合于谋，必以忤合为主。主，根本。

[4]"合于彼而离于此"三句：意即与此合必与彼离，欲择新君主则必弃旧君主。所以计谋不可能同时效忠于对立之双方，必与其中一方相违背，此为处世之真理。反忤，忤合。

[5]术：反忤之术。

【译文】

世界上没有绝对正确的人，也没有亘古不变的理论，就像恩格斯所说世界上唯一不变的就是变化本身。圣人做事，不管正确与否都是有一定的时间维度来定义的，对一个事物的态度也是无常形的，因为人的成熟就是否认自己之前认为是正确的，认可之前不屑一顾的事物。圣人的行事都是以事情能否获得成功，所出计谋是否切合实际为根本。计谋与一方相合就一定与另一方相离，不能同时适用于相反的双方，一定会有相合、相逆的情况出现。这就是"忤合"之术。凡是计谋不可能同时兼顾两个对立的君主，必然违背某一方的意愿。迎合一方的意愿，就要违背另一方的意愿。

用之于天下，必量天下而与之；用之于国，必量国而与之；用之于家，必量家而与之；用之于身，必量身材能气势而与之[1]。大小进退，其用一也。必先谋虑计定，而后行之以飞箝之术[2]。

【注释】

[1]"用之于天下"八句：按，此言用忤合之术，必据对象而施之。材能，才能，才干。气，指气质，品行。势，指权势，地位。与，结交。

［2］必先谋虑计定，而后行之以飞箝之术：意谓行忤合之术前，必先谋虑计定，然后可行。忤合亦可为飞箝之准备，二术各有侧重，彼此相依。

【译文】

如果把这种"忤合"之术运用到天下，必然要把全天下都放在忤合之中；如果把这种"忤合"之术用到某个国家，就必然要把整个国家放在忤合之中；如果把这种"忤合"之术运用到某个家庭，就必然要把整个家庭都放在忤合之中；如果把这种"忤合"之术用到某一个人，就必然要把这个人的才能气势都放在忤合之中。无论如何，都要精心地谋划、分析，万物了然于胸，然后用"飞箝"之术来实现它。

古之善背向者，乃协四海，包诸侯，忤合之地而化转之，然后求合。故伊尹五就汤[1]，五就桀[2]，而不能有所明，然后合于汤；吕尚三就文王，三入殷，而不能有所明，然后合于文王。此知天命之箝[3]，故归之不疑也。

【注释】

［1］伊尹：商汤时的大臣，名伊，一说名挚。尹是官

名。汤妻陪嫁之奴隶，后佐汤伐灭夏桀。汤：商朝的建立者，又称天乙、成汤。

[2]桀：夏代的最后一位君主。古时暴君典型，与商纣王并称。

[3]天命之箝：天命所定。箝，夹住，制约。

【译文】

古代那些善于运用忤合之术的人，能够把天子和诸侯都掌控在自己手中，运用"忤合"之术去驾驭他们，使对方按照自己的意志去行事，最终达成圣贤君主的目的。所以，商汤王五次邀请伊尹，伊尹才答应辅佐商汤王，后来伊尹投奔夏桀，但是厌恶夏桀，最终还是回到了商都；姜子牙三次投奔文王，三次投奔商纣王，最终看破天意归顺了周文王。经过多次的忤合之后，明白了天命，所以最后一次归附之后就再也没有怀疑过了。

非至圣达奥[1]，不能御世；非劳心苦思[2]，不能原事[3]；不悉心见情[4]，不能成名[5]；材质不惠，不能用兵；忠实无真[6]，不能知人。故忤合之道，己必自度材能知睿，量长短远近孰不如。乃可以进，乃可以退，乃可以纵，乃可以横。

【注释】

[1]至圣：道德最高尚的人。达奥：通达高深的道理。

[2]劳心苦思：费尽心力苦苦思索。

[3]原事：穷尽事物的原理。原，推原，推究。

[4]悉心见情：精心地去发现实情、本质。

[5]名：事物的名称。这里作动词，命名。

[6]忠实，忠于实际。真，真诚。

【译文】

对于一个纵横家来说，如果没有高尚的道德，不理解通达高深的道理，不明白事物的发展规律，就不能治理天下；如果不费尽心力地苦苦思索，就不能揭示事物的发展规律；如果不殚精竭虑地探索事物的规律，就不能完美地诠释或者定义事物，以达到名实相符；如果胆识、谋略、才智不够，就不能统帅三军；如果庶竭驽钝，就不能正确地认识本我，更不能处理好本体与客体的关系。所以运用忤合的原则，一定先要衡量自己的才能和智慧，衡量自己与对方的智力差异，认知的高低，优势与劣势，确定对方不如己方之后再实施。只有这样，才能进可攻退可守，千军万马之中取上将首级如探囊取物。

第七章　揣篇

　　《太平御览》卷四百六十二引用本章称作《揣情》篇。"揣"就是指揣测、探求、推测等等。《四库全书》的解释为："揣者，测而探之也。"本章主要论述了游说之士如何把握对方心理，揣测、探求对方的客观情况和主观想法。对对象准确地做出判断，有的放矢。

　　纵横策士要游说君主助其决策计谋，必须要对一个国家的国情与君主个人内心的真实想法有全面准确的认识和了解。国情属于客观外在的信息，而君主个人的真实心理属于主观内在的信息。本章把对客观外在信息的了解称为"量权"，把对君主个人主观内在信息的了解称为"揣情"，旨在说明量权和揣情及其方法。

　　本章对"量权"做了全方位的解释。所谓量权就是针对天下国家而言，即衡量某个国家的形势与实力，从疆域、人口、经济、人均财富、天时地利人和、内政外交等多方面的情况。

　　在量权之后，就要"揣度"君主的内心世界，此即为揣情。本章所论"揣情术"主要包括三个方面，分别是，一采集信息的时机，顺着对方的意愿去揣度对方，在对方恐惧至极和欢喜至极的时候，容易暴露对方的真实意图；二是采用旁敲侧击的手段去"揣度"对方的心意，对于自制力比较强，比较理性的人，要采取各个击破的原则，对其周围的人进行间接的打探；第三是察言观色，观察对方的微表情，一般对象的眼神、脸色等不容易伪装，能暴露对方内心深藏的思想感情。

行文最后一段表述了"揣情"的实施还是比较难的，"量权"有有形的客观事物，客观数据可以观察分析，而"揣情"则是揣度对方内心的真实感受，所以比较难。本章所论主旨主要是"得情"，这与前文诸多篇目所论重复。《捭阖》也强调"捭之者，料其情也"，强调得情之重要。"捭"就是得情方法之原则。《反应》篇论"得情"，强调自知而后知人，以为"得情不明，不知隐匿变化之动静"，《反应》全篇所论就是得对方之情，"反应术"就是打探得到对方实情的方法，但提出的"得情"之法却与本章不同。本章所论"揣情"重点是打探君主内心的实情，这与《内揵》篇所论也大致相同。而下文《摩篇》则是《揣篇》的继续，也是侧重从内打开君主的内心。从内容上看，《揣篇》《摩篇》与《反应》《内揵》两篇所论主旨是大致相同的，但方法不同。

本章强调游说能否成功，必须内外信息均需掌握。

既要掌握所说之国的综合国情，又要对君主内心有真切准确的了解。本章强调的是"计国事者，则当审权量；说人主，则当审揣情"的解决问题的步骤和方法。

《揣篇》为《鬼谷子》中重要一篇，所论"揣情"为纵横家核心思想之一。从上下文结构上看，《揣篇》所论亦是下文《摩篇》《权篇》《谋篇》《决篇》之前提与基础。

古之善用天下者，必量天下之权而揣诸侯之情[1]。量权不审[2]，不知强弱轻重之称；揣情不审，不知隐匿变化之动静[3]。

【注释】

[1] 揣：量度，揣测。善用：善于使用。

[2] 量权：衡量，比较。审：熟知。

[3] 动静：指不断变化的资讯。

【译文】

古代那些善于处理天下纠纷而操纵天下局势的人，必定能洞察到天下政治形势的发展变化，揣摩各诸侯国国君的真实想法。如果对天下局势和各诸侯国综合实力不能熟知，就不会知道诸侯国中谁强大，谁弱小，不会知道各诸侯国内部哪些地方强，哪些地方弱，如果不能准确揣摩各国国君的意图，就不能真正掌握那些隐秘的资讯和实时变化的数据。

何谓量权，曰：度于大小[1]，谋于众寡[2]，称货财有无之数，料人民多少[3]，饶乏有余不足几何；辨地形之险易，孰利孰害；谋虑孰长孰短；揆君臣之亲疏[4]，孰贤孰不肖；与宾客之知慧[5]，孰少孰多；观天时之祸福，孰吉孰凶；诸侯之交，孰用孰不用；百姓之心，去就变化，孰安孰危，孰好孰憎。反侧孰辩[6]，能知此者，是谓量权[7]。

【注释】

[1] 度（duó）：计算。

[2] 谋：考虑。众寡：指谋士的数量。

[3] 料：估量。人民：人口。

[4] 揆（kuí）：测度，度量。

[5] 与：通"预"，预测，预料。知：同"智"。

[6] 孰：同"熟"，熟练。辩：通"辨"，辨明，辨别。

[7] 量权：即对一国综合国力的充分了解。

【译文】

什么叫作权衡？就是要考虑一个国家疆域的大小，国民的多寡，估算一个国家的物产资源和国家财富的数量，人口的多少，其财力、贫富情况如何；考察一个国家地形，哪里易守难攻，哪里易攻难守；考察一个国家有谋略的谋士，哪些高瞻远瞩，哪些鼠目寸光；揣测君臣之间的亲疏关系，君主是否英明，臣子是否贤能；还要判断客卿、门客是否是才智之士；观察天象时序的变化，何时给人带来福祉，何时给人带来祸患，何时行事为吉，何时行事为凶；了解诸侯之间的关系，谁能荣辱与共，同舟共济；考察民意的变化，如何笼络人心，老百姓心里真正的诉求是什么，讨厌什么。能够从多个方面熟练对以上情况进行辨别，并能够知道如何应对的，就叫作量权。

揣情者[1]，必以其甚喜之时，往而极其欲也[2]，其有欲也，不能隐其情；必以其甚惧之时，往而极其恶也[3]，其有恶也，不能隐其情。情欲必出其变[4]。感动而不知其变者[5]，乃且错其人，勿与语而更问其所亲，知其所安[6]。夫情变于内者，形见于外[7]。故常必以其见者而知其隐者，此所以谓测深揣情。

【注释】

[1]揣情：即测探对方内心隐秘的实情。

[2]极：尽。

[3]恶：讨厌、害怕的事。

[4]变：指变化中的形态。

[5]感动：触动人的情感。

[6]勿与语而更问其所亲，知其所安：意谓用"极欲"或"极恶"之法仍然不能揣摩到对方实情，那么就必须更改方式，而改为问其亲近之人，如此对方的实情也可揣知。

[7]见：同"现"，显露。

【译文】

测探对方内心隐秘的时机，必须在对方最高兴的时候去迎合取悦他，极力引导并满足他的欲望。对方有欲望，内心的真情是隐藏不住的；或者在对方最恐惧的时候去见他，最大限度地诱发他的恐惧憎恶，在对方倾吐这些真心话的时候，真相就难以隐瞒。如果触动了对方情感但仍然不表露真实情感的人，就暂且不与对方继续交谈，问其身边亲近之人，了解他的意图。人的情感在内心发生变化的，一般都会通过外在表现出来。所以通常情况下可以通过外在的表现来推测对方的内心，这就是共情从而了解对方真实的想法。

故计国事者，则当审权量；说人主，则当审揣情。谋虑情欲必出于此[1]。乃可贵，乃可贱；乃可重，乃可轻；乃可利，乃可害；乃可成，乃可败。其数一也[2]。故虽有先王之道[3]、圣智之谋，非揣情，隐匿无可索之[4]。此谋之大本也，而说之法也。

【注释】

[1]谋虑：谋划和打算

[2]数，数术，即道理，意指方法对策。

[3]先王之道：古代先贤圣王留下的经验。

[4]索：求索，得到

【译文】

所以说那些运筹帷幄国家大事的，就用"量权"之法，要对这个国家的综合形势、国内外的资讯综合掌握；游说国君，就用"揣情"之法，要注重细节去了解君主的欲望，了解君主的品行和道德。决策的实施和对他人的洞察都是用这种揣情的方法。善于运用"量权"和"揣情"之术的人，就可使自己获得富贵，使别人落于贫贱；使自己得到重用，使别人被人轻视；使自己获得利益，使别人受到损害；使自己取得成功，使别人最终失败。这中间的关键就在于是否能掌握好这种揣情的方法。所以即使具有先贤圣王的经验、圣人智者的谋略，如果不用"揣情"和"量权"之术的话，便不可能真正探究出这些经验中隐藏的无穷奥秘。"量权"和"揣情"是谋略的根本，游说的基本法则。

常有事于人，人莫能先，先事而生[1]，此最难为。故曰揣情最难守司，言必时有谋虑[2]。故观蜎飞蠕动[3]，无不有利害，可以生事。美生事者[4]，几之势也[5]。此揣情饰言成文章，而后论之也[6]。

【注释】

[1]事，做，从事于。

[2]故曰揣情最维守司，言必时有谋虑：意谓策士行揣术时，其一言一行须时时小心，在谋虑之后而动。守司，把握，掌控。时：窥探，暗中观察。

[3]蜎（yuān）飞蠕动：这里指小虫子的飞动或爬动。蜎，蚊子的幼虫。

[4]美生事：即大的事端生出来。美，大。

[5]几之势也：事情刚刚开始的形势。几，几微，事物微小的征兆。

[6]此揣情饰言成文章，而后论之也：意谓用揣情之言辞，必须要加以修饰，以增强形象性，扩大吸引力，引诱对方敞开胸怀，揣测所要的讯息。饰言：修饰的辞藻。

文章，文辞，说辞。

【译文】

通常是这样的，对人实施"揣情"和"量权"之术，没有人能够与之争先，对于某些即将发生的重大事件提前预知，这是非常困难的。所以说揣情最难掌控，我们在游说的时候必须学会从对方的言辞中仔细分析，然后确定决策和谋划。即使是小虫子的飞动或爬动，其中都隐含有利害关系，都是趋利避害的有目的的行为。大的事端生出来，往往都是有小的征兆。这就要求我们掌握揣情之术，要善于修饰言辞，达到信达雅，然后再进行游说。

第八章　摩篇

　　《太平御览》卷四百六十二引用本章称作《摩意》篇。摩，切磋。揣术之一种。本章与《揣篇》为姊妹篇，人们往往以"揣摩"并称。

　　《揣篇》《摩篇》，两者既有联系，又有区别，"揣"主要是对人内心的探测，涉及到对方的主客观情况，由表及里、由内到外，通过外在的表现去推演对方心里的变化，是符合逻辑关系的推理，属于大数据的分析和用户数据舆情的分析；"揣情"则是测探对方内心隐秘的实情。侧重点在于接触、沟通，在沟通的过程中主动用攻心术、读心术去探查、诱导对方表达真实的意图和情感，然后将获得的信息加以分析、总结、推演，从中了解对方的真实情感，从而把握对方的心理诉求、欲望喜好、意图决策等等，最终实现将自己的价值观灌输给对方，所谓不战而屈对方之兵，曰之为上。《揣篇》就是利用心理学共情的方法，设身处地地进入对方的思维，用对方的逻辑思考，将对方的"喜欢"或"厌恶"无限地扩大，利用其心理失控来探测对方的内心。但是在现实生活中，人们的情绪或心理往往并不处在极端的状态下，所以除了上述两种方法外，就是本章提到的手法——"摩"。"摩"就是当对方处在情绪平稳、心理正常的状态下，如何探测对方的内心的手法。因为这样做比较难，而且具有普遍的指导意义，所以单独成篇。

本章是关于"摩"的专论，论述了揣摩的基本特征和对于成事的至关重要的作用。

首先，"摩意"之原则为"隐貌逃情"。即在摩意过程中，不被对方察觉，达到目的后，立即隐蔽退出，以免暴露。人之内心乃为其最隐秘之处，当知悉对方在探测他最隐秘之处时，他便会做出自我保护的反应，会有所警觉，使之更为隐蔽，让对方觉察不到。因此如果不能遵循隐蔽性原则，摩意便不会成功。同时"隐貌逃情"也是策士全身而退的原则。因为一旦君主知悉其内心被策士知晓、被掌控或操纵，势必会对策士有所猜忌，这样，策士离罹祸也就不远了。因此在摩意过程中，一定要做到不被察觉，做到"能成其事而无患"，全身而退。

其次，"摩意"之方法主要有"有以平，有以正，有以喜，有以怒，有以名，有以行，有以廉，有以信，有以利，有以卑"等。针对不同的对象使用不同的方法，实际运用过程中千变万化，不能拘泥行事。

最后，"摩意"之技巧主要有二：其一为"以其所欲而探之"。鬼谷子善于利用人的心理，注重从人的心理欲望出发来达到目的。欲望乃人行动直接动力，策士们顺着游说对象的欲望去说，以满足对方欲望为诱饵，便能紧紧地吸引对方，探测到对方真实的内心世界。其二为以类相摩。即想要了解对方心理，必然要先熟悉对方性格，按其性格归纳出类别，针对不同类别分别施行摩意之术。性格也是心理学研究的对象，鬼谷子重视人的性格，分析归纳性格的类型，以此作为推测的依据，并从历史经验出发作出判断。这种思路就是后来的面相预测术。后代相面术奉鬼谷子为祖师，其原因亦在于此。

《鬼谷子》强调的摩意，在鬼谷子所处的时代有很重要的意义，它以预测为发展的重点，包含政治、经济、军事等外在的信息，还包括人们在决策过程中内心的活动过程。

《揣篇》所论重在揣悉对方内心之情，《摩篇》即论其方法，故本章乃《揣篇》之延续。

摩者，揣之术也[1]。内符者，揣之主也[2]。用之有道[3]，其道必隐[4]。微摩之，以其所欲，测而探之，内符必应。其所应也，必有为之[5]。故微而去之，是谓塞窌、匿端、隐貌、逃情，而人不知，故能成其事而无患[6]。摩之在此，符应在彼，从而用之，事无不可[7]。

【注释】

［1］摩者，揣之术也：摩，本意为切磋、研究，这里借指探测对方心理的一种方法，是揣情术的一种。术：方法、手段。

［2］内符者，揣之主也：内符：符于内，即见外符而知内情，指通过观察对方外在的表现，从而分析、判断其内在的心理活动情况。主，主旨，目的。

［3］用之有道：此句意谓运用摩的规律。道，规律，法则。

［4］其道必隐：按，"摩"术是针对对方处在情绪正常的情况下使用的，因为对方的心理比较警觉，一不小心就会暴露己方的意图而遭到对方的拒绝或伤害，所以使用"摩"术的时候一定要隐蔽。陶弘景注："以情度情，情本潜密，故曰其道必隐也。"隐，隐蔽，隐秘。

［5］其所应也，必有为之：用"摩"术之时，须顺对方喜好愿望，推测并试探之，对方内心实情必然有所流露。一旦有应，则加以利用。

［6］"故微而去之"四句：意谓"摩"术之目的达到后，当暗中退出。自始至终，对方均不知晓，如此便能取得成功而不会留下祸患。隐貌，隐蔽己方的外在表现。逃情，隐藏己方内心的真情。逃，即隐藏。

［7］"摩之在此"四句：按，此言"摩"术之神奇作用。

只要善于使用，则必然成功。

【译文】

摩意，是揣术的一种预测手段。人的内心真实想法必定表露于外，通过揣摩对方的意图的手段将对方内心的隐秘实情暴露出来为我所知，这是揣的主旨。运用揣摩的基本规律，关键在于要做到隐蔽，不被对方所察觉。暗暗地运用揣摩的手法，顺着对方的诉求，从满足其喜好欲望的角度，探测对方的内心世界，对方内心在欲望的驱使下一定会有反应。一旦有了反应，在外部表情中显露出来，我们在掌握了对方外在的表现形式和内在的心理活动后，要隐蔽己方外在表现和内心的真实想法，不让自己的表情泄密，使别人不知道自己的真实意图，防止对方对自己产生戒备，这样我们就可以在毫无阻力的情况下达到目的。我们用满足对方的喜好、欲望来引诱对方，对方一定会有行动反应出来，我们掌握了对方的诉求和想法，把这些因素运用到决策中，落实到行动中，这样做任何事情都能水到渠成。

古之善摩者，如操钩而临深渊[1]，饵而投之，必得鱼焉。故曰主事日成而人不知，主兵日胜而人不畏也[2]。圣人谋之于阴，故曰神；成之于阳，故曰明。

所谓主事日成者，积德也[3]，而民安之不知其所以利；积善也[4]，民道之不知其所以然[5]，而天下比之神明也[6]。主兵日胜者，常战于不争不费，而民不知所以服，不知所以畏，而天下比之神明。

【注释】

[1]钩：吊钩。

[2]故曰主事日成而人不知，主兵日胜而人不畏也：按，此言用摩之术而达到的效果。治国使民，战场取胜均成功于无形之中。

[3]积德：积累德行，指对民众的好处一个接着一个。

[4]积善：积累善事，指对民众的教育引导。

[5]道：同"导"。

[6]而天下比之神明也：陶弘景注："圣人者，体神道而设教，参天地而施化，韬光晦迹，藏用显仁。故人安德而不知其所以利，从道而不知其所以然，故比之神明也。"神明，谓像神一样无所不知。

【译文】

古代的那些善于揣摩别人意图的人，就好像拿着钓鱼竿在深渊旁垂钓一样，饵料投放下去了，一定能够钓到鱼。所以说，这种人管理国家政治、经济、军事等等，每天都会取得成效而不被别人察觉；指挥战事，每天都能打胜仗，士兵相信统帅的谋略而不惧怕敌人。睿智的人便是这样秘密地在暗中进行谋划，所以被称作"神"；成功的时候，大家都看到了功绩，所以说是"明"，其实人前吃肉，人后吃土的道理大多数人都懂，可惜很少有人去做。所谓主持政事每天都能成功，是因为他在积累德行，让人民安于德政环境中，习以为常就不知道是谁让自己获取了这些利益和好处；圣明的人在不断地对民众教育引导，而民众接受引导教化却不知道原因，因此，天下人就把这样的人比作"神明"。所谓指挥军事每天都能打胜仗的，是说他经常不战而屈敌之兵，使战争消弭于无形，没有耗费人力和物力就结束了战争，因而老百姓不知道他是怎样使敌人顺服，也不知道他是怎样使敌人害怕的，因此，人们就把这样的才智之士比作"神明"。

其摩者，有以平，有以正，有以喜，有以怒，有以名，有以行，有以廉，有以信，有以利，有以卑[1]。平者，静也；正者，宜也[2]；喜者，悦也；怒者，动也；名者，发也[3]；行者，成也[4]；廉者，洁也；信者，期也；利者，求也；卑者，谄也[5]。故圣人所以独用者[6]，众人皆有之，然无成功者，其用之非也。

【注释】

[1] 有以卑：按，这里提出的十种方法，乃针对十种不同个性之人而实施。卑：谦卑。怒：激怒。此处指用平和的心态对待对方。

[2] 宜：适宜，正好。

[3] 名者，发也：此处是指散播对方名声。陶弘景注："名贵发扬，故曰发也。"发，发生，散发。

[4] 行者，成也：此处指使对方行动能够成功。陶弘景注："行贵成功，故曰成也。"行，行动。

[5] 卑者，谄（tāo）也：按，以上言十种方法使用之结果。谄，隐藏，隐瞒。

[6] 独用：独自使用，这里指圣人使用的手段。

【译文】

在运用揣摩方法的时候，要根据不同的对象采取不同的应对方法：有的用平心静气的态度，有的用正义直言相告，有的用讨好的方式，有的用激将的方法，有的用声誉相与，有的就要立即行动，有的用廉洁的道义，有的用诚实守信的操守，有的用利益驱使，有的用谦卑的态度。"平"的方法能够使对方可以用心平气和的心态处理事务；"正"的方法就是直面对方的问题，直言相告；"喜"的方法是让对方开心、喜悦；"怒"的方法是让对方激动、让对方处于亢奋的状态；"名"的方法是让对方的名誉能广为传播；"行"的方法是让对方立即行动能够成就事业；"廉"的方法是让对方感到这样做是廉洁自律；"信"的方法是让对方因为讲信用而被人们期待；"利"的方法是让对方能够得到自己所求的东西；"卑"的方法是谦虚谨慎，以韬光养晦的方式自保。上述这些圣人使用的方法，普通人也都是可以用的，但是很少有人能成功，其原因是使用得不恰当，不能像才智之士那样灵活应用，适时适地用适合的手段。

故谋莫难于周密，说莫难于悉听[1]，事莫难于必成。此三者，唯圣人然后能任之[2]。故谋必欲周密，必择其所与通者说也，故曰或结而无隙也[3]。夫事成必合于数[4]，故曰道数与时相偶者也[5]。

【注释】

[1]悉听：使对方听从自己的意见。

[2]任，抱，负担。

[3]结而无隙，像打结一样紧密而没有缝隙。

[4]数：技术，这里指游说技术。

[5]数：术数，指揣摩之术。偶，合。

【译文】

所以说，计谋最难做到的是周详严密，游说最难做到的是让对方全部听从己方的意见，做事最难的是让所做之事一定成功。这三种境界，只有掌握了揣摩他人权术的圣人才能够做到。所以说，计谋一定要做到周密，一定要选择领悟能力强，大胆假设，小心求证的人一起商量谋划；这样才能双方互相帮助，亲密无间地实现没有漏洞的决策。要把事情做成功必定要符合游说所要求的权术，这就叫作基本原理、技术、时机三者相结合。

说者听必合于情[1]，故曰情合者听。故物归类，抱薪趋火，燥者先燃；平地注水，湿者先濡[2]。此物类相应，于势譬犹是也[3]。此言内符之应外摩也如是。故曰摩之以其类焉，有不相应者，乃摩之以其欲，焉有不听者[4]？故曰独行之道[5]。夫几者不晚[6]，成而不拘[7]，久而化成。

【注释】

[1] 情，这里指人内心的感情。

[2] 濡（rú）：滋润。

[3] 势，在形势上必然产生的趋向。

[4] "故曰摩之以其类焉"四句：按，此言摩术之两

原理，一为同类相应而摩，一为顺其欲而摩。

［5］独行之道：谋士们掌握的方法。

［6］几，事物的微小迹象。

［7］拘（gōu），取。

【译文】

倘若希望游说时所说的话，对方言听计从，就要准确揣摩对方的心意，想对方之所想，只有真正共情，才能两情相悦。所以说，事物都是以类而聚，将柴火扔进火堆，干燥的会率先燃烧；平坦的地面注入水，湿润的地面先积水。我们揣摩别人的心意也是同样道理。所以说，运用揣摩的手法，就是要用同类去感应，如有不感应，就改用满足对方欲望的办法来引诱，这样对方哪有不听从的呢？用以类相从的态度去揣摩对方心意，见到事物的微小征兆就采取行动，哪有不听从的呢？这就是我们谋士所独有的不二法门。事情成功了，便默默地退出，不居功自喜，做到这两样，长此以往，便能够达到出神入化的境地。

第九章　权篇

　　权，即权衡、斟酌，经过揣摩，真正了解，把握对方以后，就要根据客体的不同情况，仔细权衡为人处事的策略，这就是"权"的要义，即量宜发言。

　　完美是很难成事的，智者不会追求尽善尽美。本篇就是鬼谷子成事的取舍之道，当取则取，应舍则舍，取舍之前应当精心权衡。

　　由于说服的对象不同、目的不同，所说的话也要有不同的类型，有引导性的、讽喻性的、应对性的、陈述性，驳难对方的等等。

　　本章内容十分广泛，既有原理论述，也有言辞特征分析，还有言辞的使用方法。文中提出了语言修辞的重要性，并强调对言辞的特征要有所了解。本章讨论了十种言辞的特征与目的。十种言辞又可分为两类：

　　佞言、谀言、平言、戚言、静言，这五种言辞是特别需要使用的。病言、恐言、忧言、怒言、喜言，这五种言辞是特别需要禁忌的。

　　此外，本章还论述了针对不同性格特点的人游说时要采取的九种不同态度，以及进献言辞"用其长"的方法，如"言其有利者，从其所长也""言其有害者，避其所短也"等。

总之，要仔细权衡自己的感觉和思维活动，提倡耳、目、心三者并用，相应而动。善于发挥自己的优势，又不为自己的短处所困，善于避己之短，用人之长。

说者，说之也；说之者，资之也[1]。饰言者，假之也，假之者，益损也[2]；应对者，利辞也，利辞者，轻论也[3]；成义者，明之也，明之者，符验也[4]。言或反覆，欲相却也。难言者，却论也，却论者，钓几也[5]。

【注释】

[1] 资之：要使人接受。

[2] 益损：强化和弱化。强化语言的力量，弱化心理的障碍。

[3] 轻论：轻易论说，多断少证。

[4] 符验：得到验证。

[5] 钓几：诱出心里的隐秘。

【译文】

游说，就是劝说别人听从自己的主张，劝说别人就要利用其思想情绪。修饰言辞，需要借助动人的言辞，要借助动人的言辞，就要对言辞加以增减修饰；回答对方突然的发问，要用机巧的言辞浮泛作答；申说主张的言辞要顺理成章，是为了使人易懂。若使对方明白某个道理，又必须要举事实加以验证。言谈时双方可能意见不合，就需要反复辩难，意欲使对方让步。指责之辞，是反对的言论；反对的言论，是为了将对方隐藏的细微之处诱导出来。反驳的目的是为了把对方隐秘的事勾引出来。

佞言者，谄而干忠[1]；谀言者[2]，博而干智；平言者[3]，决而干勇；戚言者[4]，权而干信；静言者[5]，反而干胜。先意承欲者[6]，谄也；繁称文辞者[7]，博也；纵舍不疑者，决也；策选进谋者[8]，权也；先分不足以窒非者，反也。

【注释】

[1] 干忠：博取忠贞之名。

[2] 谀言：夸张雄谈。

[3] 平言：直截了当的言辞。

[4] 戚言：根据形势权且装出忧戚的样子，说出悲伤的话。

[5] 静言：静，谋。

[6]先意承欲：先预测到对方的欲望，然后顺其欲望去说。

[7]繁称文辞：广泛征引文辞去说。

[8]策选进谋：进献计谋时要注意策略的选择。

【译文】

佞言，是用花言巧语，通过谄媚而到忠心耿耿的美名；谀言，阿谀奉承的说辞以博得智慧的美名；平言，用直截了当的言辞来说，以敢于直言而求得勇者的名声；戚言，根据形势权且装出忧戚的样子，说出悲伤的话，从而赢得对方的信任；静言，有谋略的言辞都是自知自己不足反而责备他人的不足，以求得辩驳的胜利。在对方意愿未说出之前，就把握其心愿，去迎合他，满足他的欲望，就是"谄"；广泛引用华丽的文辞，就是"博"；把疑虑抛却而直截了当地说，就是"决"；根据形势的变化选择策略而游说，就是"权"；为掩饰自己的不足，反而责备他人的过失，这就是"反"。

故口者，机关也[1]，所以关闭情意也；耳目者，心之佐助也，所以窥瞷奸邪。故曰参调而应[2]，利道而动。故繁言而不乱，翱翔而不迷，变易而不危者，睹要得理^[3]。故无目者不可以示以五色，无耳者不可告以五音。故不可以往者，无所开之也，不可以来者，无所受之也。物有不通者^[4]，圣人故不事也。古人有言曰："口可以食，不可以言。"言者，有讳忌也。"众口铄金"，言有曲故也^[5]。

【注释】

[1]机关：事物的枢要、关键。

[2]参：这里指口、耳、目。调，调和。

[3]睹要得理：抓住要害，掌握真理。

[4]物有不通者：双方讯息不通。物，事物。

[5]言有曲故也：言有曲，说话时因怀有私心而难免歪曲事实。

【译文】

口是言语发动的器官，是用来控制实情和心意的；耳目是心的辅助器官，是用来窥探奸邪的。所以说口、耳、目三者调和相应，选择有利的途径然后行动。这样便能做到：言辞繁多但不会纷乱，行动自由但不会失去宗旨，情况变化而不被欺骗，这都是因为看准了要点而得到应对的原则。所以没有视力的人是不能显示各种颜色给他看的，没有听力的人是不能发出各种声音给他听的。如果不去游说，就不会打开

对方的心扉而了解实情，如果不让他人前来游说，就不会得
到对方的想法。双方信息不通，圣人是不会乱做的。古人有
句话说："嘴可以吃饭，但不能随便说话。"说话要有所顾忌。
谚语说"众口铄金"，就是因为人言也会歪曲事实的缘故。

　　人之情[1]，出言则欲听，举事则欲成。是故智者
不用其所短，而用愚人之所长，不用其所拙[2]，而用
愚人之所工，故不困也。言其有利者，从其所长也；言
其有害者，避其所短也。故介虫之捍也[3]，必为坚厚；
螫虫之动也，必以毒螫。故禽兽知用其长，而谈者亦知
其用而用也。

【注释】

　　[1]情：常情，常态。

　　[2]拙：笨拙，不擅长。

　　[3]介虫：有甲壳的虫子。

【译文】

　　人之常情——只要说出话来总希望有人听，做事总希
望能够成功。因此，聪明的人总是避免使用自己的短处，
而利用愚笨人的长处，不展现自己笨拙的一面，而利用愚笨
人擅长之处，所以不会陷入困境。说出对方有利的条件是为

了发挥他的长处。说到对方有害的因素，是为了避开他的短处。所以带有甲壳的虫子在保卫自己的时候，一定要用坚固厚实的甲壳；带毒刺的虫子在主动攻击的时候，必定要用它的毒刺。禽兽都知道使用它们的长处，因此对于游说的人来说，更要懂得如何利用自己的优势来达到目的。

故曰辞言有五[1]：曰病、曰恐、曰忧、曰怒、曰喜。病者，感衰气而不神也；恐者，肠绝而无主也[2]；忧者，闭塞而不泄也；怒者，妄动而不治也；喜者，宣散而无要也。此五者，精则用之，利则行之[3]。故与智者言依于博，与博者言依于辨，与辨者言依于要[4]，与贵者言依于势，与富者言依于高[5]，与贫者言依于利，与贱者言依于谦，与勇者言依于敢[6]，与愚者言依于锐。此其术也，而人常反之。

【注释】

[1] 辞言有五：指五种失常的语言情况。

[2] 恐者，肠绝而无主也：忧怨、痛苦使心神不安，而缺乏主张。

[3] 精则用之，利则行之：情绪适度、思虑细化为"精"，便于达意、增强说服力为"利"。

[4] 要：简明扼要。

［5］高：高雅。

［6］敢：果敢，积极进取。

【译文】

所以说游说应摒弃的言辞有五种：病言、恐言、忧言、怒言、喜言。病言，指言语中气力不足；恐言，让人听了害怕而失去主见；忧言，言语中情志忧虑；怒言，让人听了因愤怒冲动导致不可收拾的后果；喜言，让人听了心意疏散而失去主见。这五种言辞只有精通它的妙用才能运用，在情况有利时才能使用。所以与智者说话要凭借渊博的知识，与博闻强识的人说话要善于辨析事理；与能言善辩的人说话要善于抓住要领、简单扼要；与达官贵人说话要围绕权势来进行；与富有的人说话要本着尊敬的态度对待他；与贫穷的人说话要从能够给他带来利益的角度出发；与地位低下的人说话要态度谦逊；与勇敢的人说话要围绕勇敢果断的话题开展，与愚笨的人说话要从细微之处着眼，用对方容易理解的言语作答。这就是说话的技巧，但是人们常常反其道而行。

是故与智者言，将此以明之；与不智者言，将此以教之，而甚难为也。故言多类[1]，事多变。故终日言，不失其类而事不乱。终日不变而不失其主，故智贵不妄[2]。听贵聪[3]，智贵明，辞贵奇[4]。

【注释】

[1] 故言多类：类，通"戾"，指失之偏颇。

[2] 妄：虚妄。

[3] 聪：敏锐。

[4] 奇：巧妙。

【译文】

　　所以在跟聪明的人说话就要用这些技巧去启发他；跟愚笨的人说话就要用这些方法反复教导，但却很难办到。因此游说有很多种类，事情千变万化。只有根据实际情况，选择不同种类的言辞去说，即使整天在说，那么事情也不会混乱。虽然整日所谈的内容不变，也不会迷失主题。所以，智慧的可贵在于能够按照言说的原则去处理事情而不妄动。听人讲话重要的是用耳朵听得清楚明白；智慧的重要之处在于明事理；说辞最重要的是巧妙出奇。

第十章　谋篇

本章与《权篇》亦为姊妹篇。谋即设谋、进谋，陈述主张让对方接受。这是整个游说过程中的重要一环。先前很多方式方法多是铺垫，只有对方听取了自己的意见、采用了自己的谋略，方才有实现想法的可能。

为人出谋划策，首先要有因由，从而推知其实际情况。运用谋略要视不同对象而定，根据其个性特点进谋。仁者看轻物欲，勇者轻于危险，智者通情达理，应该褒扬他们的优点，利用他们的长处。而愚蠢的人，容易受到蒙蔽，所以就蒙蔽他；不肖的人，容易感到害怕，就以可怕的结果威胁他；贪婪的人，容易受到引诱，就引诱他。

关于计谋的运用要依据不同的心理指向，要针对不同的心理状态，采用因人而异的方法。"因其见以然之，因其说以要之，因其势以成之，因其恶以权之，因其患以斥之"，就是要善于凭借并利用客观形势，因势利导，达到自己的目的。

关于计谋的原则，就是"阴"。制定计谋之大忌即泄密，因而设计计谋时要注意隐匿。谋之于阴而勿让人知，计谋可成，此即所谓"阴"谋。这里对"阴谋"一词作了理论上的阐释。

本章最后讲到只有能够懂得在忠信、仁义与中正法则前提下运用谋略之人，才能和他谈计谋。这是对计谋使用的道德约束。若计谋失去了道德约束，计谋即会害人。故设计计谋必定在道德仁义的框架下进行。

凡谋有道，必得其所因，以求其情[1]。审得其情，乃立三仪[2]。三仪者：曰上，曰中，曰下，参以立焉，以生奇。奇不知其所壅[3]，始于古之所从。故郑人之取玉也，载司南之车[4]，为其不惑也。夫度材量能揣情者，亦事之司南也。

【注释】

[1] 情：内情、欲求。

[2] 三仪：上智、中才、下愚。

[3] 壅：壅塞。

[4] 司南之车：指南车。

【译文】

凡是谋划策略，都是有一定的法则。必须要掌握所面临的事情的起因，进而探求其真实情形。知道这些实情后，设计上、中、下三种计策，然后将这三种计策相互参验，相互吸收互补，确定出所需要的那一种，奇计就产生了。奇计产生后便可以无往而不胜。奇计的方法并不是我们现在所拥有的，而是始于古人的实践。所以，郑国人上山采玉的时候，一定驾上司南之车，目的就是不迷路。揣度才干，衡量能力，揣摩真情，这些都是做事情的指南车。

故同情[1]而相亲[2]者，其俱成者也；同欲而相疏者，其偏害者也[3]。同恶而相亲者，其俱害者也；同恶而相疏者，偏害者也。故相益则亲，相损则疏。其数行也[4]，此所以察异同之分也。故墙坏于其隙，木毁于其节，斯盖其分也。故变生事，事生谋，谋生计，计生议，议生说，说生进，进生退，退生制[5]。因以制于事，故百事一道而百度一数也[6]。

【注释】

[1]同情：情欲、追求一致。

[2]相亲：相互亲近。

[3]偏害：其中一方受害。

[4]数行：数，术。行，运行。

[5]制：制衡。

[6] 一数：同一个道理。

【译文】

价值观相同的人在一起共事后，仍旧保持亲密的关系，是因为共谋大事取得了成功，大家都得了好处。目的相同而事后关系疏远，是因为他们中只有一部分人取得成功，获得了利益。有共同憎恶或仇恨的双方，如果互相亲近，那么他们的仇恨会相互感染对方，使得仇恨成倍增加而对双方都有伤害；有共同憎恶的双方若相互疏远，那么只有其中的一方会有伤害。

双方都能获取利益就相互亲近，双方有害就彼此疏远。一个计谋如果要运用，必须要看到双方相同或是不同的区分。所以土墙从有裂缝的地方崩坏，树木从有节的地方折断，缝隙和节疤就是它们的分界之处。新的事物、新的情况都是由旧事物发展变化才产生出来的，为解决新的问题才需要谋略，需要谋略，才需要计划考虑，计谋筹划能产生言论，有了言论才产生游说，有了游说才能使事情朝解决的方向发展，事情或问题按照解决的方向向前发展了，还要想出退出的策略，退出的策略也考虑好了，就可以制定针对事情的整个方案了。任何计谋的产生法则都是这样的。

夫仁人轻货[1]，不可诱以利，可使出费[2]；勇士轻难[3]，不可惧以患，可使据危[4]；智者达于数[5]，明于理，不可欺以不诚，可示以道理，可使立功，是三才[6]也。故愚者易蔽也，不肖者易惧也，贪者易诱也，是因事而裁之[7]。故为强者，积于弱也；为直者，积于曲也；有余者，积于不足也。此其道术行也。

【注释】

[1] 轻货：轻视财物。

[2] 费：经费，财物。

[3] 难：祸难，灾难。

[4] 据危：扼守险要的地方。

[5] 达：通。数：道理。

[6] 三才：三种类型的人才，这里指仁人、勇士、智者。

[7] 裁：判定。

【译文】

仁德君子轻视财物，不能用私利去诱惑他，但是可使他献出财物，提供经费；勇士藐视危难，不可以用祸难使他感到恐惧，反而可以派他们去抵御危难；有智慧的聪明人通达礼数，不可以用欺诈的手法来蒙骗他，但可以跟他讲道理，使他立功，这三种人才要各得其用。所以愚蠢的人容易受到蒙蔽，不肖的人容易受到惊吓，贪婪的人容易受到诱惑，这是根据不同的人来做决定。所以，强是由弱不断积累而成的，平直是削去弯曲积累起来的，有余也是从不足积累起来的。这就是权术的运用。

故外亲而内疏者[1]，说内；内亲而外疏者，说外。故因其疑以变之，因其见以然之，因其说以要之[2]，因其势以成之，因其恶以权之，因其患以斥之[3]。摩而恐之，高而动之，微而正之[4]，符而应之[5]，拥而塞之[6]，乱而惑之，是谓计谋[7]。

【注释】

　　[1] 外：表面。

　　[2] 要：归纳。

　　[3] 因其患以斥之：根据表现出的忧患，排除其忧虑。

　　[4] 微：衰微。

　　[5] 符而应之：为他设计一个祥瑞的征兆，然后以应验来引诱。

　　[6] 拥：壅闭。

　　[7] 是谓计谋：这就是进谋的策略。

【译文】

　　和外表亲近而内心疏远的人交谈，就要用权术去获得他们内心的亲密；对表面疏远但志同道合的人，要从外部改善关系。所以对方有怀疑，要顺着他的怀疑而变更策略，使他不怀疑；对方看见了，要顺着对方所看见的东西来肯定他；对方说话了，要顺着对方的观点来应和他；对方已经形成有利的态势了，要顺着对方的形势来成全他；顺着对方厌恶的东西为他谋划对付办法，顺着对方遇到的祸患设法为他排除。通过摩的手法使他感到害怕；把他不断抬高，位置高了就会不稳，这样使他处于晃动的不安之中；让他衰败然后来纠正他，让对方认为自己真诚可靠；为他设计一个祥瑞的征兆，然后经过操作应验了，使他相信自己；拥护之后堵塞他，扰乱他的思路、迷惑他的理智，进而控制他。这就是所说的计谋。

　　计谋之用，公不如私，私不如结[1]，结而无隙者也[2]。正不如奇，奇流而不止者也[3]。故说人主者，必与之言奇；说人臣者，必与之言私。其身内其言外者疏，其身外其言深者危。无以人之所不欲而强之于人，无以人之所不知而教之于人[4]。人之有好也，学而顺之；人之有恶也，避而讳之。故阴道而阳取之也。

/ 241 /

【译文】

运用计谋时，公开进行不如私下进行，私下进行不如结盟，结成紧密的联盟就无机可乘了。计谋的使用，遵守常道不如使用奇计，奇计的使用就像流水一样，不可阻止。所以游说国君的，必定对他说奇计，才能引起他的关注；游说权臣的，必定说与他的私人利害关系，方可实施。你身处某一圈子内，对方已经不把你当外人，但你所说集中在圈子之外的事，那么你就会因失去信任而被疏远；你身处圈子之外，但擅自说人家圈子之内的事，那么你就会有危险。不要把别人不喜欢的、不想做的强加于人。不要把别人不知道的告诉他、教导他。有什么爱好，要学着顺从他；有什么厌恶忌讳，要学着避免和替他隐讳。因此，进谋要在暗中进行，而获得的成功都是光明正大的。

故去之者纵之，纵之者乘之[1]。貌者，不美[2]又不恶[3]，故至情托焉[4]。可知者，可用也；不可知者，谋者所不用也。故曰事贵制人，而不贵见制于人。制人者，握权也；见制于人者，制命也[5]。故圣人之道阴[6]，愚人之道阳[7]。智者事易，而不智者事难。以此观之，亡不可以为存，而危不可以为安，然而无为而贵智矣。

【注释】

　　[1] 乘：利用。

　　[2] 不美：不喜形于色。

　　[3] 不恶：不怨怒外露。

　　[4] 至情托焉：可以托付最真挚的情感。

　　[5] 制命：被别人控制了命运。

　　[6] 阴：暗中。

　　[7] 阳：明处。

【译文】

　　想要排斥的人，就先放纵他，待他作恶至极，然后趁机除掉他。某些人不把喜怒哀乐放在脸上，这种人属于冷静而不偏激的人，可以寄托实情。在人的使用上，如果你能彻底地了解他，你才能使用他；如果你还不能足够地了解他，就不要使用他。做事的关键在于控制别人，而不是被别人所控制。控制了别人，自己就掌握了主动权，就能操控别人的命运；被别人控制，命运就操控在别人的手中。

圣人用谋隐而不露，愚人做事张扬外露。聪明的人做事就比较容易，而愚笨的人做事就比较困难。由此观之，虽然消失的东西已不能使之再出现，而已有的危险也不能转危为安。事情处理的时候，顺应规律、重视智慧十分重要。

　　智用于众人之所不能知，而能用于众人之所不能见。既用，见可，否择事而为之，所以自为也。见不可[1]，择事而为之，所以为人也[2]。故先王之道阴。言有之曰："天地之化，在高与深，圣人之制道，在隐与匿。"非独忠信仁义也，中正而已矣[3]。道理达于此之义，则可与言[4]。由能得此，则可与谷远近之诱[5]。

【注释】

　　[1]见不可：于己不利。

　　[2]为人：为别人考虑。

　　[3]中正：不偏不倚。

　　[4]可与言：可与之坦诚相谈。

　　[5]由能得此，则可与谷远近之诱：陶弘景注："谷，养也。若能得此道之义，则可居大宝之位，养远近之人，诱于仁寿之域也。"谷，俞樾《诸子平议·补录》以为当作"縠"，意为"縠"，即悦近来远，让天下归服。

【译文】

智慧要用在众人目前无法察知的地方，才能也要用在众人看不见的地方。智慧和才能的使用贵在隐秘，如果在使用过程中，能够做到隐秘，那么就不要选择应该公开做的事来实施，这是为了实现自己的目的。如果在使用过程中，智慧、才能不能够做到隐秘，那么索性公开自己的谋略主张，用之来做事，向对方显示自己这样做，目的是为了对方。古代先王之道隐而不露。常言道："天地变化在于高深莫测，圣人处世之道的诀窍在于隐藏不露。"运用智慧、才能虽然讲究隐秘，但不单纯讲忠、信、仁、义，只要所做是为了正道大义即可。能够懂得这个道理的，就可以和他谈论这些计谋。如果能得到此道，就可以获得远近百姓的尊重，让天下归服。

第十一章　决篇

有疑必有决，事所如此，古今必然。所谓"多谋善断"，就是指面对复杂的局面、疑乱不清之处，要仔细分析，作出判断。本章主旨是说如何决断，是关于决断的专论。记述了决断的起因、目的、方法等方面。

决为万物之机，决断正确则谋事成功，决断失误则招致灾祸。本章从决策的定义论起。所谓决策，即受别人委托来决疑断难，帮助他出主意去解决他面临的问题。所谓"决物，必托于疑者"，他人委托于你，乃因为对方想通过你的决策来避开祸患，取得利益。因此，有疑难是决策的起因，而决策的目的是通过决策达到自己的利益。趋利避害乃一切决断的总原则。

由于对象不同、事情不同、目的不同，为使决断之法运用灵活，文中提出五种方法：即阳德、阴贼、信诚、蔽匿、平素。这五种方法实际上是解决问题的五种方式。有些问题，真理在我，正义归我，如此可用光明正大的方式去解决它，这便是"阳德"方式；有些问题，真假难辨，是非难明，不便采用公开的方式，只能采用阴谋的手段，运用某些权术暗中加以解决，此便是"阴贼"方式。有些问题，单靠自身的力量难以解决，需联合他人，以结盟的方式去解决，如此便需要讲信用、以诚信去缔结同盟关系，此即"信诚"方式。有些问题，真相不能完全示于对方，或者对方乃不讲诚信之人，为了达到决断成功的目的，则不能以诚信待之，而需将实情隐瞒，此即"蔽匿"方式。但是大量的问题，则可以平常的一般化的手段去决断，此即"平素"方式。

圣人之所以决断正确、处事成功，就在于他们通晓事理，善于变通，能够根据事物的变化和当时的情况来作出合理的应对，从而使事物发展向着自己所希望的方向前进。

总之，决断是处理事情获得成功的基础。只有作出正确的决策，才能治国安民，取得战争胜利，才能为自己谋得实际利益。

凡决物[1]，必托于疑者，善其用福，恶其有患。善至于诱也，终无惑偏[2]。有利焉，去其利则不受也，奇之所托。若有利于善者，隐托于恶[3]，则不受矣，致疏远。故其有使失利者，有使离害者[4]，此事之失[5]。

【注释】

[1]决物：决断事情。

[2]终无惑偏：最终不会陷入疑惑。偏，偏颇。

[3]隐托于恶：潜伏危险、隐藏祸患。

[4]离：通"罹"，遭受。

[5]事之失：决断失误。

【译文】

凡作决断，要托付给善于决疑的人。善于决断就会得到福报，不善于决断就会招来祸患。善于决断，一定先诱得实情，然后再作决断就不会有迷惑或偏失。如果对方在某一方面有利益，一旦失去这种利益，对方就不会接受。如果对方想从中取利，你却把这种利益藏在对他不利的方面，他也不会接受，反而导致关系疏远。如果决断招来失利，或者遭受灾害，这是决断的失误。

圣人所以能成其事者，有五：有以阳德之者[1]，有以阴贼之者[2]，有以信诚之者，有以蔽匿之者[3]，有以平素之者[4]。阳励于一言[5]，阴励于二言[6]，平素、枢机以用。四者，微而施之。于是度之往事[7]，验之来事，参之平素，可则决之。王公大人之事也，危而美名者，可则决之；不用费力而易成者，可则决之；

用力犯勤苦，然不得已而为之者，可则决之；去患者，可则决之；从福者^[8]，可则决之。

【注释】

[1] 以阳德之：有意公开地施加恩德，让对方感激。

[2] 以阴贼之：用暗中计谋，伤害对方。

[3] 以蔽匿之：不以诚信待之，而欺瞒、蒙蔽对方。

[4] 以平素之：用常规的方法处置对方。

[5] 一言：仁言。

[6] 二言：虚假之言。

[7] 度之往事：以过去的经验来衡量。

[8] 从福者：能得到好处。

【译文】

圣人能够成就大事的原因和方法有五种：一是"阳德"，二是"阴贼"，三是"信诚"，四是"蔽匿"，五是"平素"。以上五种分为"阴"和"阳"两类：使用"阳"一类的方法时，要讲究言行一致，前后一致；使用"阴"一类的方法时，要说真假难辨的话。"阳"的一类手法和"阴"的一类手法，加上"平常"使用的手法和"关键"时刻使用的手法，这四者要在不知不觉中使用。在作决断的时候，要以过去之事加以衡量，用将来之事去验证，用平时之事做参考，如果可以实现，就作出决断。给王公大人谋划事情，事情成功之后能够博得美名，可行就作出决断。不用费力事情就能成功，可行就作出决断。若此事做起来费力需要付出艰苦努力，但迫不得已而不得不做，可行也可以作出决断。能够为对方去除祸患的，可行就作出决断。能够替对方招来福祉的，可行就作出决断。

　　故夫决情定疑，万事之基。以正乱治[1]，决成败[2]，难为者。故先王乃用蓍龟者[3]，以自决也。

【注释】

　　[1]正乱治：纠正乱世达到治理的目的。

　　[2]决成败：决定成功或失败。

　　[3]蓍龟：蓍草和龟甲。古人用来占卜之物。

【译文】

　　决断情况，消除疑虑，是办好事情的基础。决断可以澄清治乱，决定成败是非常难做到的事。所以古圣先王也要借助于蓍草和龟甲来帮助自己作出决断。

第十二章　符言

符言，指的是"发言必验"。为了使自己的言而有效，话有分量，就必须反复实验。

这一章主要讲思维能力的修养。文中列有九条，即主位、主明、主德、主赏、主问、主因、主周、主恭、主名。

主位之术，指身居君主之位的人要安徐正静。君主遇事要冷静，做到喜怒不形于色，让臣子从外表上看不透君主内心的真实想法，使之望而生畏。

主明之术指君主统领天下，需要有统筹全局的心思和眼光。既要在处理国事时，对全局有足够的了解，明知天下之事；又要时刻提防着不能被臣子蒙蔽。

主德之术指君主治理天下，驾驭全局，必须自身德行深厚，以德感化民众。君主有德，须有海纳百川的胸怀，须有纳谏倾听各种不同意见的胸襟。

主赏之术指君主治理天下，必依法而治，这就需要善用赏罚。君主行封赏必讲信用，许诺给予的奖赏，就一定兑现；按律处以惩罚，也一定要做到。奖善罚恶，一定要公正，奖赏必经过自己亲自鉴别，如此才能让天下人心服口服，按自己的意志调整社会风气，治理好国家。

主问之术指君主治理天下需要很高的政治智慧。因而要善于学习，善于向臣子求问。问天时，把握自然规律；问地利，熟悉地理形势；问人和，掌握人心向背，把握社会规律。

主因之术指君主治理天下，不必事必躬亲。君御臣，最为关键的是摆正君臣位置。君为核心，为枢纽，臣为辅助，不能让君臣关系颠倒，不能让臣专权，以架空君主。在此前提下，君主掌控着赏罚大权，以赏善罚恶来驾驭群臣，而以奖为主，奖励时，要顺从臣子的欲望，这样就能达到驾驭臣子的目的。

主周之术指君主驾驭群臣须善于平衡各方利益，做到周密周全。群臣内部往往有派系之分，各派系之间有着内部的利益，如何平衡各派别之间的利益关系，考验着君主的智慧。

主恭之术指君主御臣需要君主自身具有敏锐的政治洞察力，能够及时洞察朝廷中的奸臣。君主只有具有洞察天下奸臣的能力，让坏人无处藏身，天下才能够得到治理，整个社会才整肃安宁，风气纯正，人民安居乐业。

主名之术指君主驾驭臣子要给予臣子一定的官职，

并按其职位来对其定期进行考察。对臣子的评价也应根据其职位名分来作出评判。

安徐正静[1]，其被节无不肉。善与而不静[2]，虚心平意以待倾损[3]。右主位[4]。

【注释】

[1]安徐正静：心理安平、语气缓和，态度沉静。

[2]善与而不静：善于给予或放纵对方，使之不能安静。

[3]以待倾损：等待变化。

[4]右主位：上面所讲的主要针对在位者需注意的事项。

【译文】

人君应该做到安详、从容、公正、沉静，就像骨节必须有肉附着于其上才能活动一样。在位者要善于给予或放纵对方，使之不能安静，自己则平心静意坐观其变，以待其倾覆毁损。这就是人君的主位之术。

目贵明，耳贵聪，心贵智。以天下之目视者，则无不见；以天下之耳听者，则无不闻；以天下之心思虑者，则无不知。辐凑并进[1]，则明不可塞[2]。右主明。

【注释】

　　[1]辐凑并进：辐，车轮中向外延伸的直木。凑，聚集。

　　[2]塞：遮蔽。

【译文】

　　眼睛贵在明亮，耳朵贵在灵敏，心灵贵在有智慧。如果用天下人的眼睛来观察，就没有什么东西是看不到的事物；如果用天下人的耳朵来听，就没有什么东西是听不见的；如果用天下人的智慧来思考事情，所有事物都会清晰明了。这样就能像车轮之辐集中于车轴一样，谁都不能蒙蔽君主而行事了。以上是讲君主如何做才能明察。

　　德之术曰[1]：勿坚而拒之。许之则防守，拒之则闭塞[2]。高山仰之可极[3]，深渊度之可测。神明之位德术正静[4]，其莫之极[5]。右主德[6]。

【注释】

　　[1]德之术：推崇德的方法。古人倡导有德者有天下。此处意谓如何做才能做到有德。"德"字《管子·九守篇》作"听"。因"听"的繁体字作"聽"，与"德"字形近，

所以有人认为此处是"听之术"。我们认为应该是"德"，因为上文"主明"一节已经讲过如何"听"了，这里不应重复。另外，此句陶弘景注说："崇德之术，在于恢宏博纳，山不让尘，故能成其高；海不辞流，故能成其深；圣人不拒众，故能成其大。"从其所说的意思来看也是说"德"。

[2]许之则防守，拒之则闭塞：陶弘景注："言许而容之，众必归而防守；拒而逆之，众必违而闭塞。归而防守，则危可安，违而闭塞，则通更壅。夫崇德者，安可以不宏纳哉。"许之则防守，意即山不让尘，故能成其高；海不辞流，故能成其深；圣人不拒众，故能成其大。接纳一个人，就使他成为我方阵营的一分子，能够壮大我方的力量，增强抵御外敌的力量，也就是防守的力量。拒之则闭塞，意即拒绝愿意附归我们的人，那么就好像灰尘不落山顶，水滴不落深渊一样，阻断了我方的一支力量。闭塞，阻绝，隔断。

[3]极：至，到达。

[4]神明之位：指德的地位像神明一样，意谓高度重视积德。德术正静：意即积德之术讲究心态平正平静。

[5]莫之极：没有能与之相比的。陶弘景注："高莫过山，犹可极；深莫过渊，犹可测。若乃神明之位德术正静，迎之不见其前，随之不见其后，其可测量哉。"

[6]右主德：上面所讲的主要针对君主如何积德。陶

弘景注："主于德者，在于含弘而勿距也。"

【译文】

崇尚德行的方法就是：不要拒绝愿意归附我们的任何人。当诚心接纳他人的时候，那么自己的团体就会多一个成员，这样就巩固了自己的防守阵营；如果拒绝接受他人，减弱了自己的实力，同时也阻绝了其他人继续加入我们的路径。山再高，只要我们朝上一步一步地攀登，总是能到达山顶；水再深，只要我们坚持测量，总能够测量出它的深度。德的地位像神明一样神圣，崇德之术也要求心态平正平静，做到了这些，就没有什么能够比得上的。以上是推崇德行的方法。

用赏贵信，用刑贵正[1]。赏赐贵信，必验耳目之所闻见，其所不闻见者，莫不暗化矣[2]。诚畅于天下神明，而况奸者干君[3]。右主赏[4]。

【注释】

[1]用赏贵信，用刑贵正：按，此言君主如何进行赏罚。奖赏贵在守信，君主答应的赏赐一定要兑现。用刑处罚一定要公正。陶弘景注："赏信，则立功之士致命捐生；刑正，则更戮之人没齿无怨。"信，信用。正，公正。

[2]"赏赐贵信"四句：按，此句强调赏所当赏。陶弘景注："言施恩行赏，耳目所闻见，则能验察不谬，动必当功，如此，则信在言前，虽不闻见者，莫不暗化也。"暗化，暗自转化。

[3]诚畅于天下神明，而况奸者干君：此句意谓诚信畅行天下，则以奸邪手段冒犯君主求得奖赏即不可能。陶弘景注："言每赏必信，则至诚畅于天下，神明保之如赤子，天禄不倾如泰山，又况不逞之徒，而欲奋其奸谋，干于君位者哉。此犹腐肉之齿，利剑锋接，必无事矣。"诚畅，诚信畅行。干君，冒犯君主。

[4]右主赏：上面所讲的主要针对君主如何行赏。陶弘景注："主于赏者，贵于信也。"

【译文】

使用赏赐贵守信诺，使用刑罚贵能公正。赏赐贵守信，一定要以自己亲眼所见亲耳所闻为依据，这样做，那些自己没有亲见亲闻的事，也因欲取信于君而暗自转化。每赏必信，则诚信畅行于天下，达到神明境地，那些想以奸邪的手段求得奖赏的人也会被感化。以上所说的是如何进行赏罚。

一曰天之，二曰地之，三曰人之[1]。四方上下，左右前后，荧惑之处安在[2]。右主问[3]。

【注释】

[1]"一曰天之"三句：天，天时。地，地利。人，人和。陶弘景注："天有逆顺之纪，地有孤虚之位，人有通塞之分。有天下者，宜皆知之。"陶说，天、地、人皆有阴阳之分，天有顺时也有逆时，地形有孤势也有虚势，人有智慧也有不肖。所问当全顾及，意亦近是。

[2]"四方上下"三句：按，此言所问全面，则无疑惑。陶弘景注："夫四方上下，左右前后，有阴阳向背之宜。有国从事者，不可不知。又荧惑，天之法星，所居灾眚吉凶尤著。故曰虽有明天子，必察荧惑之所在，故亦须知之。"荧惑，迷惑。陶注以为指荧惑星，即火星，示人间灾眚，可参。

[3]右主问：上面所讲的主要针对君主如何问而得情。陶弘景注："主于问者，须辨三才之道。"

【译文】

君主要善问天时、地利、人和。天地上下，东南西北四方，左右前后都问遍，哪里还有被人迷惑的地方？以上是说要善问。

心为九窍之治，君为五官之长[1]。为善者，君与之赏；为非者，君与之罚[2]。君因其所以求，因与之，则不劳[3]。圣人用之，故能赏之。因之循理，固能久长[4]。右主因[5]。

【注释】

[1]心为九窍之治，君为五官之长：按，此以心控制九窍来喻君主控制百官。陶弘景注："九窍运，为心之所使；五官动作，君之所命。"心为九窍之治，古人以为，人的思维器官是心，九窍皆受心控制。九窍，双耳、双目、双鼻，口，尿道，肛门，共九数。五官，五种官职，殷商时期是指司徒、司马、司空、司士、司寇，西周时期是指司徒、宗伯、司马、司寇、司空。这里泛指百官。

[2]"为善者"四句：意谓臣为善事，则君给予赏赐；臣为非作歹，君则处罚。此言君以赏罚驾驭臣下。陶弘景注："赏善罚非，为政之大经也。"

[3]"君因其所以求"三句：意谓君主顺臣下欲望施行赏罚，则无须劳苦，天下得治。陶弘景注："与者，应彼所求；求者，得应而悦。应求则取施不妄，得应则行之无怠，循性而动，何劳之有。"

[4]因之循理，固能久长：因之循理，意谓顺着赏罚的原则来行事。陶弘景注："因求而与，悦莫大焉，虽无

玉帛劝同赏矣。然因逆理，祸莫速焉。因之循理，故能长久。"尹桐阳曰："《论语》曰：'因民之所利而利之。'《太史公自序》：'因者，君之纲也。'皆此所谓主因者。"

[5]右主因：上面所讲的主要是君主如何为政，处理国事。陶弘景注："主于因者，贵于循理。"

【译文】

心是九窍的主宰，君主是各级官员的主宰。官员中，做了善事的，君主就应该给予赏赐；做了坏事的，君主就应该给予惩罚。君主顺应官员们各自的欲望而施与赏罚，那么就不会辛苦了。圣人这样来使用赏罚，所以能赏罚各得其所。国君如果能遵循这个道理来治国，那么就能够使国祚长久。以上所说的主要是在说明因顺而行的重要。

人主不可不周，人主不周，则群臣生乱[1]。家于其无常也，内外不通，安知所开[2]。开闭不善，不见原也[3]。右主周[4]。

【注释】

[1]"人主不可不周"三句：按，此言君主对待群臣，贵于周到，要善于平衡各方利益。周，周全，周到。陶弘景注："周谓遍知物理，于理不周，故群臣乱也。"陶注指

"理"，指事理。可参。

[2]"家于其无常也"三句：意谓群臣处于混乱无常的状态之中，内外信息就不会畅通，君主怎么能够知道处理国事协调君臣的出口在哪呢？陶弘景注："家犹业也。群臣既乱，故所业者无常，而内外闭塞；触途多碍，何如知所开乎。"家于其无常，意即处于无常。家，居。其，指代群臣。

[3]开闭不善，不见原也：陶弘景注："开闭即捭阖也，既不用捭阖之理，故不见为善之源也。"原，本原。

[4]右主周：上面所讲的主要是君主处理关系要周到。陶弘景注："主于周者，在于遍知物理。"

【译文】

君主考虑事情不能不周到，要善于平衡各方利益；君主一旦做得不周到，那么群臣之间有人就会因照顾不到而生出祸乱。群臣处于无常状态，内外信息就不会畅通，君主怎么能够知道问题出在哪呢？如果君主不能成功解开与群臣之间的误会，并能成功找到解决问题的方法，就不能发现问题产生的根源。以上主要是在说明周到的重要。

一曰长目，二曰飞耳，三曰树明[1]。明知千里之外，隐微之中，是谓洞天下奸，莫不暗变更[2]。右主恭^[3]。

【注释】

[1]"一曰长目"三句：意谓君主要善于搜集各方面的信息。陶弘景注："用天下之目视，故曰长目；用天下之耳听，故曰飞耳。用天下之心虑，故曰树明。"树明，建立搜集情报信息的联络点，让自己始终处于对各种情况的明确了解之中。

[2]"明知千里之外"四句：意谓君主要对全面的情况了如指掌，这样就有了威严的资本，天下奸邪之徒，就没有不暗自改正的。陶弘景注："言用天下之心虑，则无不知。故千里之外，隐微之中，莫不玄览。既察隐微，故为奸之徒，绝邪于心胸。故曰莫不暗变更改也。"

[3]右主恭：上面所讲的主要是君主如何做到恭。恭是对君主外在表情的要求。恭，肃静。《说文》："恭，肃也。"《礼记·曲礼上》："是以君子恭敬撙节。"孔颖达疏引何胤："在貌为恭，在心为敬。"所以这里的"恭"就是君主在外在表情上给人严肃、威严的感觉。做君主的不能嘻嘻哈哈，要表情严肃，不苟言笑，让臣民一见而感威严，不敢造次冒犯。陶弘景注："主于恭者，在于聪明文思。"

【译文】

一要使眼睛看得更远，二要使耳朵听得更远，三要建立搜集信息情报的联络点，让自己始终处于对各种情报信息的明确了解之中。要了解知道千里之外的情况，了解隐蔽微小的事情，这就叫作能够洞察天下，这样所有的奸邪之徒没有不敢不更改的。以上所说的是君主在表情上做到严肃。

循名而为，实安而完[1]。名实相生，反相为情[2]。故曰：名当则生于实，实生于理，理生于名实之德，德生于和，和生于当[3]。右主名[4]。

【注释】

[1]实安而完：按实定名。陶弘景注："实既副名，所以安全。"

[2]反相为情：名为实的本性，实也名的本性，互相为对方的本性。情，这里指事物的本性。陶弘景注："循名而为实，因实而生名。名实不亏则情在其中矣。"

[3]"名当则生于实"五句：按，此处言名、实、理和之间的关系。陶弘景注："名当自生于实，实立自生于理。又曰：无理不当，则名实之德自生也。又曰：有德必和，能和自当。"德，相得。

[4]右主名：上面所讲的是君主要懂得循名责实。陶弘景注："主于名者，在于称实。"

【译文】

循名而求实，按实而定名，使名实相符合。名与实是相互依存的，互相为对方的本性。所以说，适当的名是由于其符合实；事物的实是由事物的理决定的，而理也是生于名实的德，名实之德产生于名与实间的相互符合，两者相符合，那么取名就得当。以上是说名实相符的重要。